Beiträge zur Rundfunkökonomie
Band 4

Herausgegeben vom
Fribourger Arbeitskreis
für die Ökonomie des Rundfunks
FAR

Redaktion: Martin Gläser
Heinz J. Kiefer
Manfred Rühl

FAR

Neue Technik, neue Programme, ökonomische Utopien?

Sind die in der Zukunft technisch möglichen Rundfunkprogramme finanzierbar?

Herausgegeben von
Heinz J. Kiefer und Manfred Rühl

Mit Beiträgen von
Henning Wilkens
Wolfgang Kaiser
Pierre Meyrat
Peter Wildhaber
Werner Schwaderlapp
Günter Rohrbach
Claudia Mast
Hans-Joachim Lehmann
Werner Bayer
Hermann Fünfgeld
Florian H. Fleck (†)
Heinz J. Kiefer
Manfred Rühl

Verlag W. Kohlhammer
Stuttgart Berlin Köln

CIP-Titelaufnahme der Deutschen Bibliothek

Neue Technik, neue Programme, ökonomische Utopien?:
Sind die in der Zukunft technisch möglichen Rundfunkprogramme finanzierbar?
Hrsg. von Heinz J. Kiefer und Manfred Rühl.
Mit Beitr. von Henning Wilkens ... –
Stuttgart; Berlin; Köln; Kohlhammer, 1991
(Beiträge zur Rundfunkökonomie; Bd. 4)
ISBN 3-17-011309-7
NE: Kiefer, Heinz J. [Hrsg.]; Wilkens, Henning; GT

Stuttgart Berlin Köln
Verlagsort: Stuttgart
Gesamtherstellung:
W. Kohlhammer Druckerei GmbH + Co. Stuttgart
Printed in W. Germany

Vorwort

Die Veröffentlichung des Bandes 4 der „Beiträge zur Rundfunkökonomie“ wäre uns leichter gefallen, wenn nicht wenige Monate nach der Mannheimer Tagung des Fribourger Arbeitskreises für die Ökonomie des Rundfunks (FAR) im April 1990 und nach unserer letzten gemeinsamen internen Sitzung des FAR, die im Juli 1990 in Essen stattfand, unser Vorsitzender und Herausgeber dieser Reihe, Prof. Dr. Florian H. Fleck, gestorben wäre. Florian Fleck hat unseren Kreis seit Beginn mit seiner großen Persönlichkeit geprägt. Er hat den Fribourger Arbeitskreis organisatorisch geführt und geistig souverän geleitet. In unserem letzten Gespräch hat er mit den Herausgebern eingehend die Auswertung der Mannheimer Arbeitsergebnisse besprochen und die Strukturen dieser Publikation vorgezeichnet.

Diese Reihe war ihm stets ein persönliches Anliegen. Florian Fleck war eine wissenschaftliche Persönlichkeit von mehrkultureller Orientierung und internationalem Format, der von den Aufgabenstellungen der Praxis her dachte. Die Wissenschaft war für ihn die reflektierende und ordnende Arbeitsebene, die wiederum zur Auswertung in die Praxis führen sollte. Mit ihm verstehen wir uns im Dienst der Rundfunköffentlichkeit, der Entscheidungsträger in den Anstalten, Unternehmen, Redaktionen, Verwaltungen und Gremien des Rundfunks und der Medien. Ihnen sind auch die Ergebnisse des Mannheimer Dialogs gewidmet.

Der Fribourger Arbeitskreis hat inzwischen vereinbart, im Vermächtnis von Florian Fleck die Arbeit fortzusetzen und deren Ergebnisse in dieser Reihe weiter zu veröffentlichen. Flecks letztes Anliegen an uns war, jetzt besonders die mehrfach geöffneten internationalen Kommunikationsräume Europas sorgfältig zu beobachten und zu analysieren.

Die von ihm aus den Beratungen des FAR entwickelten Schaubilder „Die Wettbewerbsspinne“ und das „Bezugs- und Umweltsystem für Rundfunk-Unternehmen“ demonstrieren das weitgespannte Denken in unternehmerischen wie ordnungspolitischen Perspektiven.

Aus der Situation halten wir es für richtig, daß wir die Dokumentation durch eine „Einleitung“ und einen „Rückblick und Ausblick“ anreichern.

Die Herausgeber danken besonders Frau Eleonore Majerle, Frau Anne Wollank, Frau Elke Baumann, Herrn Martin Meiers sowie Herrn Dr. Martin Gläser für die redaktionellen und technischen Leistungen bei der Fertigstellung dieses Bandes. Ein weiterer Dank gilt Herrn Dr. Alexander Schweickert vom Kohlhammer-Verlag für die schon gewohnt sorgfältige Herstellung und Herausgabe dieses Bandes.

Heinz J. Kiefer

Manfred Rühl

Inhaltsverzeichnis

Teil IV: Ausblick

Florian H. Fleck

Begrüßungsansprache

Meine sehr verehrten Damen und Herren, liebe Freunde!

Zu der *dritten* öffentlichen Arbeitstagung des Fribourger Arbeitskreises für die Ökonomie des Rundfunks hier in der ehemaligen Residenz der Kurpfalz, in Mannheim, begrüße ich Sie alle ganz herzlich! - Manche von Ihnen haben bereits an den beiden vorausgegangenen Tagungen in Nürnberg (1985) und in Fribourg-Grangeneuve (1988) teilgenommen. Daher heiße ich sowohl diese altbekannten, aber auch die neuen Gesichter unter uns besonders willkommen.

Unser Tagungskonzept, im kleinen Kreis von rundfunkfachlich Interessierten einen intensiven, anregenden Gedankenaustausch zu pflegen, hat zur logischen Folge, daß die Vorträge unserer geschätzten und kompetenten Referenten in Kurzform präsentiert werden. Auf diese Weise haben wir reichlich Zeit, miteinander zu diskutieren.

Das Tagungsthema: „Neue Technik, neue Programme, ökonomische Utopien? - Sind die in der Zukunft technisch möglichen Rundfunkprogramme finanzierbar?" – führt uns direkt zu den aktuellsten Problemstellungen der Rundfunktechnik, der privaten und der öffentlich-rechtlichen Programmveranstalter in Sachen Programmproduktion und -verbreitung.

Dazu sind *zwei außerordentliche, politische Fakten* in Betracht zu ziehen: *Erstens* die Europäische Gemeinschaft mit ihrem integrierten Markt ab 1993 und *zweitens* die Öffnung der innerdeutschen Grenze seit einem halben Jahr. – Beide Ereignisse bedingen insbesondere in diesem Lande einen Umschwung der Rundfunkpolitik! – Schließlich ist ein weiteres, *drittes* Faktum ausdrücklich zu erwähnen, und zwar die Satelliten, die mit ihren Rundfunkprogrammen sehr heterogene Staats-, Wirtschafts- und Kulturräume überstrahlen. Kurzum, auch hinsichtlich der modernen Satellitentechnik und -ausstrahlung ist alles in Bewegung geraten. Die Staatsgrenzen werden somit relativiert!

Deshalb wird es verständlich, daß infolge dieses enormen Situationswandels nicht nur *wir*, sondern auch die Planer bei Bundespost/Telekom und die Rundfunkreferenten der Länder und des Bundes sich intensiv mit der neuen Sachlage befassen.

Im Lichte dieser Umweltszenerie schlage ich Ihnen vor, daß wir unsere Tagungsthematik behandeln. Denn die zentrale Frage der Zukunftssicherung für die Rundfunkveranstalter stellt sich uns allen: „Welche *neuen Wege* sind begehbar angesichts der hohen Kosten für Ausstrahlungstechnik und Programme?" – Programme mit breitester Thematik bei sehr begrenzten, programmstrukturell wechselnden Einschaltquoten? – Und damit übergebe ich die Tagungsleitung an die Professoren Dr. Heinz J. Kiefer, Essen, für den heutigen *ersten* Tag und Dr. Manfred Rühl, Bamberg, für den morgigen *zweiten* Tag.

Anmerkung:

Es war mit Herrn Prof. Dr. Florian H. Fleck vereinbart, daß er für die Veröffentlichung dieses Bandes seine innerhalb des FAR entwickelten Schaubilder in den Text der Begrüßungsrede einfügt.

Die Herausgeber haben nun keine andere Wahl, als diese dem obigen Text beizufügen. Wegen der Bedeutung dieser systematischen Darstellungen möchten wir auf sie nicht verzichten. Sie bleiben mit Flecks wissenschaftlicher Leistung verbunden.

Die Herausgeber versuchen in Einleitung und Nachwort die Ergebnisse der Mannheimer Konferenz sowohl vom Schaubild des „Umwelt- und Bezugssystems für Rundfunk-Unternehmen" wie unter der Perspektive der „Wettbewerbsspinne als Ausdruck der Marktmacht- und Wettbewerbsdruck-Verteilung in einem bestimmten Kommunikationsraum" zu interpretieren und zu deuten.

Das Bezugs- und Umweltsystem für Rundfunk-Unternehmen in einem offenen, gemischten Rundfunksystem

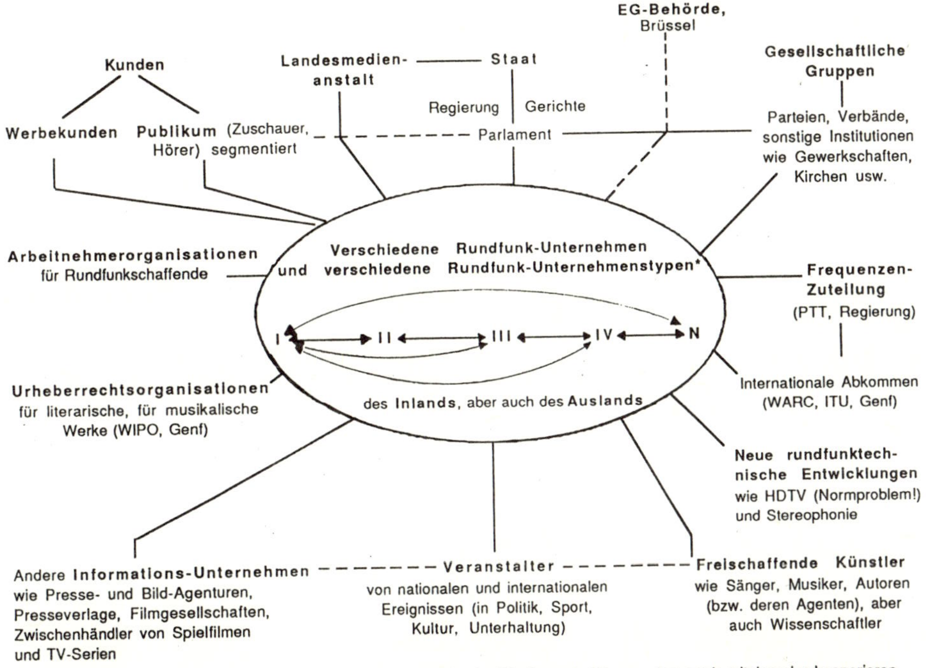

*Die verschiedenen Rundfunk-Unternehmen stehen miteinander im Wettbewerb, können aber auch miteinander kooperieren. Dualitäten sind möglich! - Veranstalter, insbesondere Großveranstalter von Ereignissen, als Rechtsinhaber von Übertragungsrechten, ebenso Rechtsinhaber von Filmen und Fernsehserien besitzen eine monopolistische Stellung bei der Vergabe der Rechte und Festsetzung der Preise.

Quelle: Florian H. Fleck (Hrsg.): Planung, Aufsicht und Kontrolle von Rundfunkunternehmen. Beiträge zur Rundfunkökonomie Band 2, Stuttgart, Berlin, Köln, Mainz 1987, S. 13, ergänzt und verbessert 1990.

Die WETTBEWERBSSPINNE

als Ausdruck der Marktmacht- und Wettbewerbsdruck-Verteilung
für den Rundfunkmarkt in einem bestimmten Kommunikationsraum

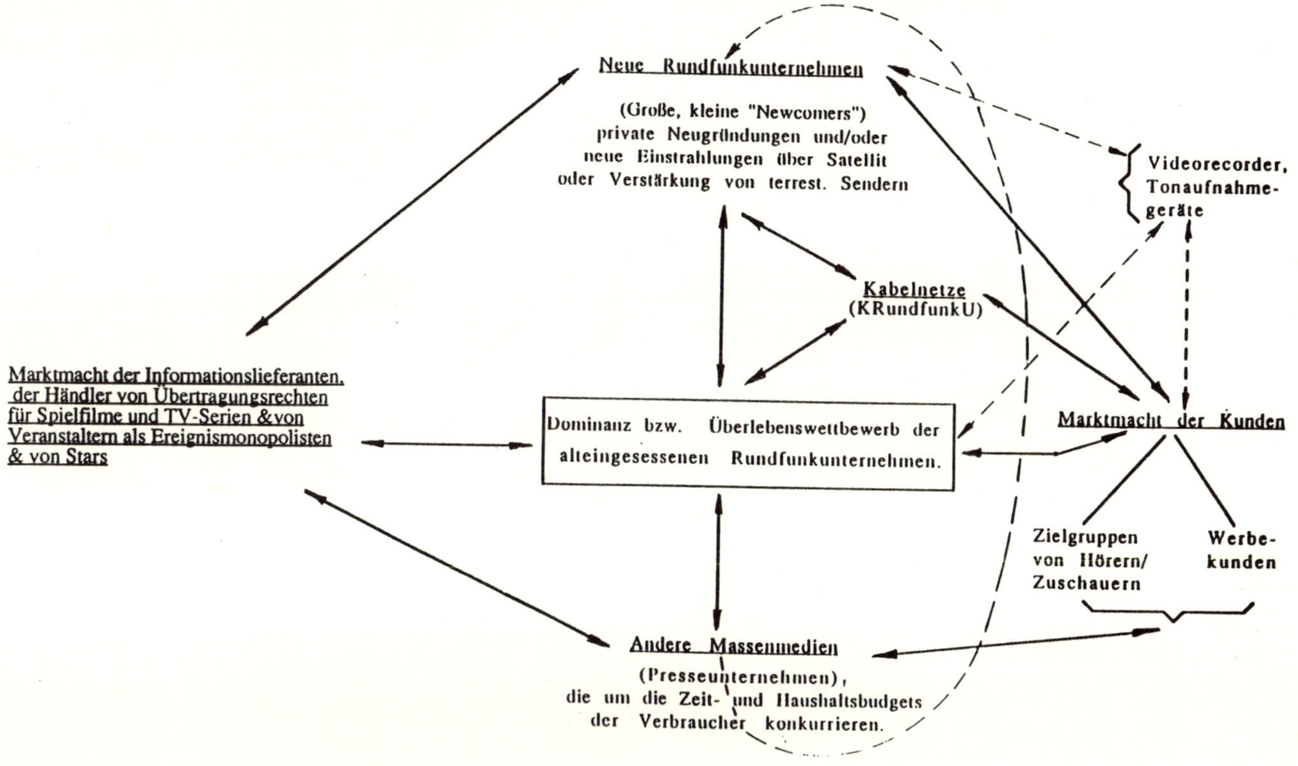

Heinz J. Kiefer

Einleitung

Der von uns vorgelegte Band 4 der Reihe „Beiträge zur Rundfunkökonomie" erhält aus mehreren Gründen eine besondere Bedeutung, da der Herausgeber dieser Reihe und Gründungsvorsitzende des Fribourger Arbeitskreises für die Ökonomie des Rundfunks (FAR) hiermit seine letzte und noch weitgehend von ihm geprägte Publikation aus dem Dialog zwischen Wissenschaft und Praxis vorlegt.

Die Herausgeber dieses Bandes haben Florian H. Fleck im letzten Jahrzehnt seines Lebens wissenschaftlich eng begleitet und auch durch die persönliche Nähe Einblick in sein Wirken gehabt. Manfred Rühl wird diese Einleitung durch sein Nachwort ergänzen.

Als einer der beiden Tagungspräsidenten der Mannheimer Konferenz möchte ich Gedanken zu fünf Punkten äußern, die unsere Referenten und Autoren noch deutlicher im gleichen Kontext und im Bezug zueinander verständlich machen. Denn es ging nicht um drei spezielle Fachtagungen, nicht jeweils isoliert um neue Technologien oder um neue Programme oder um neue Utopien ökonomischer Realisierung schwieriger Finanzierungsprobleme. Es ging vorrangig um eine Hilfe für die Einzelverantwortungen zusammenbindende Unternehmenspolitik und andererseits um Empfehlungen zur Verbesserung kompetenter Medien-Ordnungspolitik.

So ist diese Einleitung auf folgende Überlegungen konzentriert:

1. Die Rundfunk-Unternehmen stehen in der modernen und demokratischen Informationsgesellschaft eines jeweils begrenzten und zugleich grenzoffenen Kommunikationsraumes in einem weit über den Rundfunk hinausgespannten sowohl internen wie externen Bezugssystem (siehe Schaubilder Fleck und FAR).
2. Der FAR weist auf die Interdependenz der Unternehmens- und Marktfunktionen Technik, Programm und Ökonomie hin, die außerdem in unterschiedlicher Bewegung sind.

   Die vertrauten Strukturen mit vielen Konstanten und wenigen Variablen sind auch in der dualen Rundfunk-Ordnung obsolet geworden.

3. Die im Medienbereich noch ungewohnte interdisziplinäre Arbeitsmethode des FAR für Analyse, Dialog und Anwendung führte in Mannheim zu ermutigenden Arbeitsergebnissen, wie die Dokumentation beweist.
4. Die Mannheimer Anstöße lohnen für Entscheidungsträger, Programm- und Produktionsverantwortliche und Planer, mit bestimmten neuen Kommunikationsprinzipien ergänzt weitergedacht zu werden.
5. Der FAR hat im Dialog zusätzliche Einsichten erhalten, die in der unternehmenspolitischen wie ordnungspolitischen Antwort durch die Leser dieses Bandes noch konkretisiert werden können.

Lassen Sie uns zunächst einen Blick in die der Einleitung folgenden Seiten der Fleckschen Schaubilder werfen. Wir stellen das Rundfunk-Unternehmen in seinen verschiedenen Typen in den Mittelpunkt des Bezugs- und Umweltsystems eines offenen, gemischten Ordnungs- und Wettbewerbssystems. Genauso muß man sich aber auch in den anderen Teilsystemen der Medien-Ordnung andere Informations-Unternehmen im Mittelpunkt vorstellen, wie sie im Tableau links unten gekennzeichnet sind. Die wirtschaftliche Größe z. B. der relevanten Werbewirtschaft oder der elektronischen Industrie zeigt zusätzlich, daß diese Variationen erst die Realitäten der Gewichtung deutlich wiedergeben würden.

Unser Tableau sollte bewußt ein der Wirklichkeit entsprechendes System zum Nachdenken für die Planer der Unternehmens- wie der Ordnungspolitik zeigen. Es verzichtet daher auf die graphisch übersetzten Gewichtungen, die z. B. in Deutschland anders als in Frankreich oder Großbritannien ausfallen würden. Aber es erlaubt eben vom allgemeinen System zum besonderen Fall hin zu denken, vor allem dann auch die *quantitative* Ableitung zu entwickeln. Mit dem Stichwort „des Inlands aber auch des Auslands“ in der Ellipse soll das angedeutet sein. – Gleiches trifft auf das zunehmende Problem des „Sponsoring“ und die wirtschaftliche Vernetzung zwischen „Veranstalter“ von Ereignissen und Rundfunk-Übermittlern zu (siehe ebenfalls auch untere Reihe im Tableau).

Noch differenzierter ist die bewertende Beschreibung der *qualitativen* Einflußfaktoren, die in der oberen Leiste des Schaubilds erscheinen. In Deutschland weiß man z. B. von der Bedeutung von Rundfunk-Urteilen der höchsten Gerichte, von parlamentarischen oder neuerdings überstaatlichen Entscheidungen für die ordnungspolitischen Rahmendaten ganz zu schweigen.

Programm, Technik, Wirtschaftlichkeit werden durch jeden Faktor im Schaubild berührt und dürfen nicht in getrennten Handlungsräumen agierend oder reagierend gesehen werden.

Ähnliches gilt für die Interpretation des zeitlich später entstandenen Schaubildes der „Wettbewerbsspinne", in das auch Flecks großes nationalökonomisches Wissen eingeflossen ist. Der FAR ist sich in seinen Beratungen fachlich abgegrenzter Fragestellungen immer mehr bewußt geworden, daß für die öffentlich-rechtlichen Rundfunk-Unternehmen beim Übergang zur dualen Rundfunk-Ordnung *und* in der national wie europäisch oder international zunehmend geöffneten Informations- und Kommunikationsgesellschaft noch mehr Machtfaktoren eine Rolle spielen als die jahrelang im Vordergrund stehenden politischen Größen wie Landtag, KEF oder Ministerpräsidentenkonferenz. Die alles umfassende Perspektive der alten Landesrundfunkanstalt ist relativiert worden. Die Wettbewerbsspinne will anzeigen, daß in einem bestimmten Kommunikationsraum (Bundesland oder Region oder Staat usw.) verschiedene Faktoren eine jeweils spezifische Verteilung von Marktmacht und Wettbewerbsdruck konstant oder variabel entstehen lassen. Natürlich waren diese Faktoren real oder potentiell stets gegeben. Aber der zunehmende Druck des Wettbewerbs, die Beschleunigung neuer Technologien, die knapper werdenden ökonomischen Ressourcen haben innerhalb des nationalen wie internationalen Kommunikationsraums die alten Balancen aufgelöst und Instabilitäten für längere Zeit eingeleitet. Die nachfolgenden Mannheimer Referate unterstreichen diese bisherigen FAR-Einsichten eindrucksvoll.

Florian Fleck hat im Band 2 dieser Reihe mit dem Thema „Planung, Aufsicht und Kontrolle von Rundfunk-Unternehmen" generell und speziell – in einem Beitrag gemeinsam mit dem Herausgeber – seinen Erkenntnisstand umfassend dargelegt. Seine Überlegungen liefen darauf hinaus, daß die Komplexität und Veränderungsschnelligkeit der auf Hörfunk und Fernsehen einwirkenden Faktoren im Rundfunk-Unternehmen selbst verarbeitet und beantwortt werden müssen. Im Band 3 dieser Reihe mit dem Titel „Unternehmenskultur und Marketing von Rundfunk-Unternehmen" hat der FAR ebenfalls bewußt zwei sonst nicht in Verbindung gebrachte Begriffe zusammengedacht und in eigenen Thesen Empfehlungen vorgetragen. Die vorrangige Zielstellung wurde deutlich formuliert: „Auch die Rundfunk-Unternehmen sollten vermehrt nach unternehmerischen Prinzipien geführt werden".

Unsere internen Beratungen waren bis zur Mannheimer Konferenz noch nicht so weit gediehen, daß wir erneut FAR-Thesen jetzt zum Dreiklang „Neue Technologien, neue Programme, neue Finanzierungsmöglichkeiten" vorlegen konnten. Doch in der Konzeption und Themenstruktur der Konferenz wird schon sichtbar, daß wir auf die

- Interdependenz der internen Unternehmensfunktionen im Wandel der Märkte und Ordnungsstrukturen,

- die möglichst meßbaren quantitativen und qualitativen Wechselwirkungen von Technik, Programm und Markt für die Anwendung in der praktischen Unternehmenspolitik,
- die Ausgrenzung von utopischen Ansätzen in der Unternehmens- und Ordnungspolitik durch Auswahl und Kooperation bei inländischen wie ausländischen Optionen,
- die systematische und Unternehmensressorts übergreifende Nutzung und Beeinflussung der möglichen Handlungsspielräume und Aktionsfelder
- und die Wirtschaftlichkeit und Finanzierbarkeit zu allgemein akzeptierten Prinzipien der Unternehmens- und Ordnungspolitik in Ergänzung der Akzeptanz von Rezipienten, Werbekunden und Gesellschaft

hinauswollen.

Es war in Mannheim für die Tagungspräsidenten nicht ganz einfach, diesen im Thema interdisziplinären und im Dialog fachübergreifenden Kommunikationsansatz zu vermitteln und die Diskussionen auf diese verbindenden Gesichtspunkte zu lenken. Die Referenten waren schon auf dem Weg, jeweils zu den beiden anderen Unternehmensfunktionen hin zu denken und Schlüsse zu ziehen. Für das Auditorium mit hochrangigen Experten der Sparten Technik, Programm und Ökonomie war es noch ungewohnt, derartig integrativ oder auch quer sogar mit der Richtung nach vorn gemeinsam zu denken. Wir haben uns daher entschlossen, mehr auf die Verbindung der Arbeitsergebnisse als auf die sehr substanzreichen, aber noch zu parallel gedachten Diskussionsbeiträge zu setzen. Deren Auswertung wird aber dem FAR für seine eigenen Weiterarbeiten überaus hilfreich sein.

Die Teilnehmer wie die neuen Leser der nachfolgenden Auswahl von besonderen Aussagen und Schlüssen unserer Referenten werden nachempfinden, wie innovativ die Vorstellung dieser nationalen und internationalen Erfahrungsschätze war.

Folgende Positionen sollten unter Berücksichtigung der Themenverbindung in Anstalten, Unternehmen, Planung, Behörden, Gremien und in den Parlamenten besonders weiter bedacht werden:

1. Die Komplexität der Informationsinstrumente und technischen Optionen verbietet unverzüglich fachspezifische Alleingänge und gebietet aus den Gesichtspunkten der Vernunft, der Wirtschaftlichkeit und der Akzeptanz koordiniertes Handeln.

2. Die schon bisher bekannten und eingeführten oder vor der Einführung stehenden Technologien erlauben jegliche Programmpolitik und -kombi-

nationen. – Die Chancen der Zusammenarbeit zwischen Programmträgern, Bundespost, Industrie und Medienpolitik sind noch nicht ausgeschöpft.

3. Die Mikroelektronik, die evolutionäre Telekommunikation, die möglichen Breitbanddienste und der Software-Service haben eine innovative Kraft entwickelt, die bereits über die Reaktionschancen der Programmacher hinausgehen (siehe beispielsweise die technisch schon mögliche Erstellung der „elektronischen Zeitung" und „illustrierten Zeitung").
4. Der Weitverkehr über die Zusammenführung von Teilnetzen ermöglicht spezialisierte wie integrierte „Vertriebsnetze".
5. Der privat organisierte, direkt strahlende Satelliten-Rundfunk erlaubt bereits nicht nur wirtschaftliche und marktorientierte Programmpolitik, sondern hat auch im ordnungspolitischen Bezugssystem zur Relativierung mehrerer bisheriger Monopole beigetragen.
6. Das Modell ASTRA ermöglicht durch seine technische Struktur die Optionen der gesamteuropäischen Abdeckung wie auch alternativ die Abdeckung jeweils des deutschsprachigen, französischsprachigen oder englischsprachigen Marktraumes.

   Für grenzüberschreitende Kultur- und Wirtschaftsprogramme ergeben sich dadurch große Chancen – wohl auch für die deutschsprachige Programmpolitik, die auf 150 Millionen mindestens passiv verstehender deutschsprachiger Rezipienten in Gesamteuropa setzen kann. – Genauso wichtig werden diese technischen Möglichkeiten für den zunehmenden Wettbewerb mit den Japanern und Amerikanern beim HDTV-Markt der Zukunft.
7. Für die Entscheidungen bei technischen Investitionen sowohl im Hörfunk wie im Fernsehen ist in Zukunft die Anwendung kombinierter Kriterien notwendig. Dabei sind nicht nur die wirtschaftlichen Aufwendungen und die Absatzinteressen der Industrie wie die politischen Rahmenbedingungen, sondern auch gleichzeitig die Inlands-, Europa- und Weltmärkte zu sehen.
8. Nicht jede Übernahme technisch möglicher Optionen ist künftig für die Realisierung von Programmauftrag und Programmzielen notwendig. Trotzdem sind die notwendige Kooperation mit der Industrie und außerdem die Bedürfnisse der Modernität bei der technischen Ausstattung der Produzenten wie der Rezipienten kontinuierlich zu sichern.
9. Die Chancen technischer Qualität, Perfektion und Variation haben den Preis längerer Bearbeitungszeiten in der Produktion und damit der Wirtschaftlichkeit. So ist künftig in derartigen Entscheidungsprozessen immer nach der Rechtfertigung dafür zu fragen, ob dieser Standard überhaupt weitergegeben werden soll und notwendig ist.

10. Die Multiplikation der Programme, die Verdichtung der Frequenzen, die erhöhte Konkurrenz bei allerdings gleichbleibendem Kreativpotential erhöht die Programmstunden der 90er Jahre um das Fünffache gegenüber 1985. – Die Konsequenz ist, daß immer mehr Aufwand für inhaltlich ärmere Programme entsteht. Der Aufschwung der erlebnisstarken Wettbewerber Theater und Kino ist voraussehbar.

11. Fernsehen der 90er Jahre – reduziert wohl bald auf täglich erscheinende Serien – ist in der gegenwärtigen Tendenz ohne Kulturanspruch. Die jetzt von den Machern selbst korrigierte Illusion „Fernsehen als Teil der Kultur" frustriert die abwandernden Rezipienten in diesem Jahrzehnt, bis eine bessere Programmkonzeption aus den Alternativen der technischen Optionen entwickelt worden ist.

12. Wegen steigender Werbung in Wirtschaft, Handel und Dienstleistungen kann man für die Wirtschaftlichkeit des öffentlich-rechtlichen Programms die Gleichung gegenüber heute machen: „50 % mehr Einnahmen bei 500 % mehr Programm". Die privaten Programme werden allerdings auch in anderen Kostengrößen wachsen, wenn sie beispielsweise durch ein vermehrtes Nachrichtenangebot zu Vollprogrammen werden wollen.

13. Durch die neuen technischen Entwicklungen entstanden zusätzliche Verteilungswege. Das erlaubte den Übergang zur dualen Rundfunk-Ordnung. Nun erfordern erhöhter Wettbewerb, verlängerte Reichweiten und ein werbe- wie programmorientiertes Marketing eine veränderte Finanzierungspolitik. Die Hauptfinanzierungsquellen des öffentlich-rechtlichen Rundfunks bleiben beschränkt, sind aber nun verbessert zu instrumentieren. Die interne Koordinierung der Unternehmensfunktionen wird genauso zwingend wie die externe Koordinierung durch sparsame Nutzung europäischer Finanzierungsmittel (Fallbeispiel: deutsch-französischer Kulturkanal).

14. Die Zahl der empfangbaren Programme je Haushalt ist so angestiegen, daß die Akzeptanzfrage für die Programmplanung unter internationalen Gesichtspunkten wie unter wirtschaftlichem Zwang vorrangig wird.

    Die Instrumente bequemer Umschalttechnik beim Empfang machen es dem Rezipienten leicht, das Programm bei gestiegenem Angebot zu variieren. Die Anbieter neigen öfter zu flexiblem Programmwechsel je nach der Ergebnislage des Tages.

    Programmwert, Akzeptanz und Wirtschaftlichkeit werden generell zu verbundenen Kriterien der Programmpolitik auf den unter Kommunikationswettbewerb stehenden Märkten und nicht nur durch den Trend zur Reichweitenmaximierung von Sportübertragungen.

15. Die konsequente Managementpolitik (Ziele, Kontrolle, Controlling) der Kostenbeeinflussung hat noch ein chancenreiches Feld. – Die fünf Einflußfaktoren auf dem Produktionssektor sind definiert – Qualitätswettbewerb, technologische Möglichkeiten, Organisationsgrad der dispositiven Produktionsmittel, zunehmende Knappheit des kreativen Produktionsfaktors, begrenzte Finanzmittel bei zusätzlich wachsendem öffentlichen Druck.

    Die drei Aktionsfelder – Marktfeld, Organisationsfeld, Qualitätsfeld – eröffnen bisher noch unterschiedlich genutzte, aber große Handlungsspielräume. Die dafür entwickelten Meßverfahren beziehen auch die Kontrolle der Wechselbezüge zwischen diesen Feldern ein.

16. Die Analysen der Programmplaner und der Marketing-Experten empfehlen im Prozeß veränderter Politik- und Marktbedingungen übereinstimmend eine Unternehmenspolitik der ständigen Beeinflussung aller Faktoren im internen Gestaltungsraum wie im externen Kommunikationsraum – also umfassend Politik, Produktion, Beschaffung, Personal, Absatz, Finanzierung (siehe auch die Schaubilder bei Mast).

    Das Rundfunk-Marketing sollte sich an Akzeptanzkriterien im weitesten Sinne orientieren. Ein alle relevanten Felder abdeckender Qualitäts-Index könnte ein hilfreiches Steuerungsinstrument werden.

17. Ein effizientes Marketing der Rundfunk-Unternehmen wird in spezifischer Weise jeweils für Hörfunk wie für das Fernsehen notwendig. Die eigentlichen Veränderungen in den Medienstrukturen zwischen den Märkten und dem ursprünglichen Auftrag stehen noch bevor. – Der Verbund mit anderen Medien wird den Rundfunk überwiegend entlasten können. Eine rationale Strategie sowie die Auswahl und die Kombination der gegebenen Chancen kann der Utopiefalle ausweichen.

Wie können wir diese komplexen Einsichten im eigenen Verantwortungsbereich weiterdenken, auf die jeweilige Praxisverantwortung anwenden und vor allem die operative Querverbindung zwischen Technikern, Programmachern und Ökonomen verträglich organisieren und entwickeln? Diese Frage beherrschte die berufserfahrenen Teilnehmer und Entscheidungsträger innerhalb der Mannheimer Tage auch außerhalb der Vortrags- und Diskussionsveranstaltungen. Unser Denken ist zu stark von Fachorientierung und Expertenerfahrung besetzt. Auch in unserem Sprechen und in unseren Begriffen! Die Definitionen und Worte zu wirklich gegenseitigem Verstehen fehlen noch weitgehend. Die Kommunikatoren aus den verschiedenen Sektoren Technik, Programm, Finanzierung, Marketing sprechen miteinander über das Feld der Kommunikation oft noch durch Zuruf über abgegrenzte Zäune in gegenseitig fremder Sprache. Ohne Änderung der Dialoggrundlagen wird uns weder eine Vertiefung noch eine Übertragung und Anwendung auf die Arbeitsebenen der Praxis gelingen. Ohne gemeinsame Begriffe gibt es keine Gemeinsamkeit im Verständnis des gegenseitigen Denkens für Dialog und Kommunikation.

Erst auf dieser Basis wird es uns auch endlich gelingen, über die geistigen Grundlagen der Kommunikation nachzudenken und uns miteinander zu verständigen. Dieses in den letzten Jahren nicht kleiner gewordene Defizit macht uns allen keine Ehre. Es fehlt uns mehr denn je am Verbindungs-Wissen und an Verbindungs-Moderatoren in- und außerhalb des Informations-Unternehmens!

Vielleicht würde es ein wenig weiterhelfen, vor ähnlichen Konferenzen ein Glossar aufzustellen, um multimedial, multifunktional, multisektoral, multinational diskutieren zu können. Unsere und andere Konferenzen müssen noch kommunikativer vorbereitet, geleitet und ausgewertet werden:

- von der Aufgabe der Praxis zur theoretisch-systematischen Verarbeitung,
- von der Systematisierung durch die Theorie zur Planungsaufgabe und von dort zur Organisation und Handlung in den Praxisfeldern.

Ein Beispiel aus den vorgelegten Arbeitsergebnissen mit daraus abgeleiteten Fragestellungen kann das vielleicht verdeutlichen: Die programmorientierte Technik berichtete uns einerseits, daß wir ohne zusätzliche Technologien alle heutigen Programmwünsche realisieren können. Andererseits empfiehlt sie engere Kooperation mit der weiter innovativen und mit Neuheiten auf dem Markt absatzorientierten Industrie. Welche Konsequenzen muß das Rundfunk-Unternehmen nun nicht nur für die Eigen- und Fremdfinanzierung daraus ziehen? Sind die bisherigen Rundfunk-Verfassungen darauf in der nationalen wie internationalen Perspektive vorbereitet und formuliert? Versteht die Öffentlichkeit eine Status quo-Politik von Rundfunk-Unternehmen bei gleichzeitigen Markt- und Technologieveränderungen in aller Welt? – Wer muß bei den heute in unserem Land gegebenen Rahmenbedingungen beginnen, die Daten zu ändern?

Der FAR hat auch bei der Mannheimer Konferenz selbst viel gelernt. Dafür sind wir nicht nur dankbar. Wir ziehen bereits aus der Auswertung der Diskussion schon Schlüsse. Im Band 1 dieser Reihe hat auf Seite 10 der verstorbene Vorsitzende unseres Arbeitskreises „Zielsetzung, Aufgabenorientierung und Selbstverständnis unseres Arbeitskreises" in fünf Punkten zusammengefaßt. In die Wiederholung dieser Positionen werden jetzt gleich die ersten Mannheimer Einsichten in diese Formulierungen eingefügt:

I. *Die Behandlung der Ökonomie des Rundfunks* von der Produktion bis zur Finanzierung, Organisation und Absatz zeigt uns, daß wir künftig in größeren Märkten, Reichweiten und auch Unternehmenseinheiten planen, finanzieren und produzieren müssen – national wie international.

II. *Die Erarbeitung umfassender theoretischer Grundlagen* mit der Einbettung der ökonomischen Aufgaben und Orientierungen hinkt hinter der schnellen Veränderung von Technik und Nutzung nach. Auch der FAR muß noch mehr konkret formulierte Fragestellungen an die jeweils verantwortlichen Institutionen erarbeiten und übergeben.

III. *Die Entwicklung von Ganzheits-Ansätzen*, die der Wirklichkeit der Multimedialität und des Gesamt-Medien-Ordnungssystems entsprechen, hat erst begonnen. Diese muß aber interdisziplinärer in der Verarbeitung beschleunigt werden, wie es der FAR in seinen Nürnberger, Fribourger und Mannheimer Konferenzen versucht hat.

IV. *Die Analyse von Markt- und Wettbewerbsbedingungen* wird stärker als bisher durch die Faktoren Technik, Finanzierung und Kooperationsorganisation zu verbessern sein.

V. *Die Einbeziehung der Rundfunkverfassungen und der Unternehmensverfassungen* in die gesamte staatliche Ordnungspolitik zeigt uns immer deutlicher, daß die Handlungsspielräume der Unternehmenspolitik in grenzübergreifende Marktfelder der ordnungspolitischen Öffnung folgen müssen.

Florian Fleck hat uns immer wieder auf das Inzidenz-Problem verwiesen. In diesem Fall hieße die Frage: Wer trägt letzten Endes die Kosten der vielfältigen Möglichkeiten? Oder: Wer grenzt utopische Vielfalt ein und reduziert die Kosten?

Wir tragen gemeinsam die Verantwortung für eine vernünftige, demokratische, in der Informationsgesellschaft akzeptierte und auch geistig fundierte Lösung für die Kommunikationskosten in unserem Ordnungssystem.

Henning Wilkens

Entwicklungen in der Rundfunktechnik für Hörfunk und Fernsehen

Die Entwicklung des Rundfunks in der Vergangenheit, beginnend mit der Entdeckung der elektromagnetischen Wellen 1887 durch Heinrich Hertz, die erste Rundfunkausstrahlung 1912 in New York, der erste ständige Rundfunkdienst in Deutschland 1923, die Aufnahme von Fernsehversuchsendungen bis hin zur Aufnahme eines Fernsehdienstes ist gekennzeichnet durch zügige Umsetzung nachrichtentechnischer und audio/videotechnischer Entwicklungen in industrielle Massenprodukte. Während zwar der Aufwand in der Rundfunkanstalt selbst bei der Produktion und bei der Ausstrahlung hoch sein konnte und auch weiterhin sein kann, war zwingend Voraussetzung, daß das Gerät beim Teilnehmer für eine Weiterverbreitung preiswert angeboten werden konnte. Daß dabei in der Einführungsphase jeweils höhere Anschaffungskosten nicht prohibitiv waren, lag daran, daß mit der Neuerung für den Teilnehmer tatsächlich erhebliche Verbesserungen des Rundfunkempfangs und dessen Weiterverwendung in gespeicherter Form zu erreichen war. So sei als Beispiel die Einführung des UKW-Rundfunks, das Fernsehen und hier dann die Einführung des Farbfernsehens zu nennen, auf dem Audiomarkt das Heimtonbandgerät, der Kassettenrecorder und im Fernsehbereich der Videorecorder. Andere Innovationen im Rundfunkbereich erfolgten nach Anregung aus dem Audio- oder Videobereich, wie zum Beispiel die Stereoaussendung im UKW-Rundfunk 1962, nachdem die Schallplatte 1954 auf den Markt gekommen war. Eine ähnliche Entwicklung hat es mit der digitalen Ausstrahlung gegeben, der digitale Satellitenrundfunk begann 1989, nachdem die Compactdisc 1981/82 auf den Markt gekommen war und die Teilnehmer auf die attraktive Audioqualität eingestimmt hat. Für den Rundfunkanbieter gilt es abzuwägen, ob eine zu lange Verzögerung der Übernahme allgemein akzeptierter Qualitätsmerkmale und neuer Vertriebswege nicht zu Reichweitenverlusten führen kann. Hier ist auch die Wechselwirkung deutlich zu erkennen, daß der Rundfunk technische Entwicklungen aufgreifen kann und auch sollte, wenn von der Industrie Massenprodukte angeboten werden können.

Es ist unschwer erkennbar, daß die technische Entwicklung im Rundfunk eingebettet ist in den gesamten Bereich der Unterhaltungselektronik. Um die wirtschaftliche Dimension einzuschätzen, sei hier erwähnt, daß im Jahr 1989 der gesamte Bereich Audio- und Videotechnik, die sogenannte braune Ware, in der Bundesrepublik einen Umsatz von 17,6 Mrd. DM ausmachte.

Die technische Weiterentwicklung der letzten Jahre war gekennzeichnet durch die gemeinsam mit der Industrie vorangetriebene Verbesserung der bestehenden Dienste. Hier wurden insbesondere die rasanten Fortschritte der Mikroelektronik für Zusatzinformationen dem Teilnehmer nutzbar gemacht. Begonnen wurde mit der Kennzeichnung von Verkehrsfunksendern mit dem ARI-Signal und der Durchsagekennung. Die Linie wird konsequent fortgesetzt mit dem Radio-Daten-System, das europaweit auf der Basis einer EBU-Spezifikation in diesem Jahr zu einer Europanorm bei CENELEC vorangetrieben wurde, und sich jetzt fast überall in Europa in der Einführung befindet. An mehreren Stellen wird über die Verbesserung der Verkehrsinformation durch codierte Aussendung und Übertragung über RDS nachgedacht. In der Bundesrepublik ist ein Testprojekt für den Traffic-Message-Channel (TMC) in Nordrhein-Westfalen geplant, das gemeinsam von Verkehrsministerium, Polizei, Verband der deutschen Automobilindustrie, Zentralverband der Elektroindustrie, Rundfunk und Post vorbereitet wird.

Im Fernsehen wurde 1979 mit dem Fernsehtext begonnen, zunächst mit erheblichen medienpolitischen Ungereimtheiten begleitet, jetzt als willkommener Dienst bei Millionen von Teilnehmern, die allerdings an der Handhabung oder, wie man heute sagt, an der Benutzeroberfläche Mängel feststellen. Um dies auf der Empfängerseite aufzufangen, wurde von den Rundfunkanstalten zusätzlich zu dem eigentlichen Inhalt ein verdecktes Inhaltsverzeichnis (table of pages – TOP) mitgesandt. Hiermit gelingt es, eine flexible, den Benutzerwünschen angepaßte Bedienführung im Empfänger vorzusehen, da die inhaltliche Struktur nicht mehr mit der Datenstruktur verknüpft ist, wie zum Beispiel im hierarchischen Suchbaum des Bildschirmtextes.

Für die zeitgerechte Videorecorder-Aufzeichnung wurde das Videoprogrammsystem VPS 1985 eingeführt, das nach einigen Anfangsschwierigkeiten jetzt fast zur selbstverständlichen Ausstattung von neuen Videorecordern gehört.

Ein Beispiel für eine technische Innovation, die zwar im Sinne der Industrie verlaufen ist, sollte für zukünftige Investitionen nachdenklich machen: Die Einführung des Zweikanaltons im Fernsehen 1981. Aus der Erfahrung heraus, daß man sich ein fortschrittliches Hörfunksystem ohne Stereophonie gar nicht mehr vorstellen kann, wurde auch für das Fernsehen ein Zweikanaltonsystem entwickelt und auf den Markt gebracht. Mit großem Elan wurde die Neuerung eingeleitet, die

Kosten für die Infrastruktur bei den Rundfunkanstalten und bei der Deutschen Bundespost waren nicht unerheblich, die Empfänger verkauften sich gut; aber die Produzenten zögern heute noch mit einer besseren Tondarstellung, der Anteil der Stereoaussendungen im Fernsehen ist immer noch bescheiden. Eine Rundfunkanstalt, die ankündigt, nur noch in Stereo zu senden, wird dadurch voraussichtlich nicht wesentlich mehr Zuschauer erreichen. Dieses bedeutet, daß in Zukunft nicht nur gefragt werden muß, ob tatsächlich Verbesserungen in der Wahrnehmung zu verzeichnen sind, sondern auch daneben zu prüfen ist, ob diese Neuerung für den Programmauftrag und die Programmintention nützlich und notwendig ist.

Interessant ist nun jedoch der Blick in die Zukunft auf die technische Weiterentwicklung in Hörfunk und Fernsehen. Hier gilt es mit Augenmaß zu schauen, denn die schier unüberschaubaren technisch machbar erscheinenden Möglichkeiten müssen sorgfältig daraufhin abgeklärt werden, ob und zu welcher Zeit sie für eine Übernahme im Rundfunk geeignet sind. In der Vergangenheit wurden Neuerungen relativ schnell eingesetzt, weil sie die Quantität und Qualität auf das langerwartete Niveau anhoben. Die Entwicklung der letzten Jahre zeigt jedoch, daß die Größe der technischen Innovationen für die bessere Erfüllung des Programmauftrags nicht ohne weiteres entscheidend sind und häufig Dinge nur deshalb auf den Markt gebracht wurden, um neue Kaufanreize anzuregen. Schaut man sich daraufhin einmal unter diesen Randbedingungen die Anforderungen an die Einführung neuer Rundfunkdienste an, so stellt man fest, daß nicht nur technische Gesichtspunkte dafür eine Rolle spielen, sondern nur das Zusammenwirken verschiedener Interessen dafür die Voraussetzung geben kann.

Folgende Randbedingungen müssen für die erfolgreiche Einführung einer technischen und programmlichen Innovation erfüllt sein:

- Es muß ein großes Teilnehmerinteresse antizipierbar sein.
- Die Rundfunkanstalten müssen zur Erzielung einer gesteigerten Attraktivität die Aufwendungen für gerechtfertigt halten.
- Die Industrie muß sich einen guten Absatz entsprechender Geräte erhoffen.
- Die „politischen“ Rahmenbedingungen müssen vorhanden sein.

Betrachtet man unter diesen Gesichtspunkten einmal einige der Entwicklungen in den vergangenen Jahren, so stellt man zum Beispiel fest, daß der digitale Hörfunk über den Rundfunksatelliten, dessen Entwicklung seit 1979 von Rundfunk und Industrie vorangetrieben wurde, durch Zuweisung auf den Fernmeldesatelliten mit geringer Sendeleistung und zögerliche Kanalzuweisung in seinen Entwicklungschancen erheblich reduziert worden ist. Hier fehlen also die für die Einführung notwendigen politischen Randbedingungen. Ähnlich treffen nicht alle Voraussetzungen für eine neue Fernsehnorm für Satellitenübertragung zu. Insbesondere die privaten Rundfunkanbieter haben sich schon frühzeitig gegen eine neue Norm D2-MAC gewandt, weil dadurch nicht umgehend ein großes Publikum erreicht werden kann. Die Tatsache, daß die gleichen Programme nun über Fernmeldesatelliten in PAL ausgestrahlt werden und mit etwas größerem Aufwand auch ein Individualempfang möglich ist, wird wohl kaum die besten Chancen für die Durchsetzung des D2-MAC-Standards bieten. Dieses hat zur Folge, daß auch der Rundfunkanbieter kaum Anstrengungen unternehmen wird, die immerhin vorhandenen Qualitätsreserven durch entsprechende Studioinvestitionen auszufüllen. Wie auf diesem Hintergrund eine Entwicklung zu einer neuen Ausstrahlungsnorm HD-MAC als Weiterentwicklung von D2-MAC mit einem neuen Bildformat 16:9 vorangetrieben werden soll, ist zumindest fragwürdig.

Es scheint Tatsache zu sein, daß das im Film schon lange eingeführte Breitbildformat eine Erhöhung des Erlebniswertes aufgrund neuer szenischer Möglichkeiten für eine neue Fernsehgeneration attraktiv erscheint. Die gegenwärtige Diskussion zeigt jedoch, daß ein wirklich kompatibler Übergang zu einem anderen Bildformat in einem Fernseh-Dienst nicht möglich sein wird. Das Ergebnis dieser Diskussion zeigt sehr deutlich, daß das von den deutschen Rundfunkanstalten gewählte Vorgehen der Ausstrahlung von Breitbildfilmen mit schwarzen Streifen oben und unten (Letter-Box-Format) aus künstlerischen Gesichtspunkten heraus richtig ist, obwohl die Auflösung für den verbleibenden Bildteil dadurch reduziert wird. Will man dieses Seherlebnis mit dem breiteren Bild in besserer Qualität zum Teilnehmer übertragen, so wird dies wohl erst dann möglich sein, wenn der Teilnehmer auf einem größeren Bild zuhause die höhere Auflösung und das breite Bildformat in ansprechender Größe würdigen kann. Japanische Untersuchungen zu diesem Thema haben gezeigt, daß eine Bilddiagonale von mehr als einem Meter die Voraussetzung für die Akzeptanz größerer Bilder sein wird. Ein preiswertes Projektionsgerät ist bisher noch nicht bis zur Marktreife entwickelt.

Eine Einführung von HDTV könnte sich in der Produktion schon vorher anbieten, wenn aus programmwirtschaftlichen Gründen der weltweiten Vermarktung und der Möglichkeiten von Ko-Produktionen ein Abgehen von 35 mm-Film angezeigt ist. Hierfür ist aber zwingend eine Vielfalt von Standards zu vermeiden.

Im Hinblick auf ein mögliches Szenario mit Verbreitung von Empfängern mit dem neuen Bildformat auf Bildröhrenbasis für den HD-MAC-Standard wird in der Bundesrepublik vorsorglich ein Konzept entwickelt, die bisherige Darstellungsform in den Hauptprogrammketten zumindest für die ohnehin in einem breiteren Bildformat vorliegenden Produktionen wie Spielfilme diesem Trend anzupassen.

Diese Zielrichtung, die unter dem Namen PAL-Plus zur Zeit in den Arbeitsgruppen mit der Industrie diskutiert wird, beinhaltet darüber hinaus weitere Signalverbesserungen unserer bisherigen Fernsehstandards. Diese Lösung kann nur in einem zumindest europaweiten Kontext angestrebt werden.

Für die Ausstrahlung von HDTV-Bildern zum Teilnehmer wird in einem Forschungsprojekt vom IRT und gemeinsam mit der EBU ein digitales Satelliten-Übertragungssystem bearbeitet. Das Projekt hat zum Ziel, auf der Funkverwaltungskonferenz 1992 in Sevilla die Machbarkeit einer digitalen Satellitenübertragung zu demonstrieren, um für diesen Übertragungsweg eine Frequenzzuweisung zu erreichen. Grundvoraussetzung für die Durchführbarkeit eines derartigen Systems ist die Vorgabe, die beim Teilnehmer erreichbare Qualität nicht vom Studiobild abweichen zu lassen. Ein derartiges Gesamtkonzept wird jedoch nicht nur für den Satelliteneinzelempfang vorgesehen werden können, sondern es muß zwingend eine Übertragung auf einer Leitungsstrecke, vornehmlich Glasfaser, beinhalten. Aus der Sicht des Rundfunks ist eine vollständige leitungsgebundene Übertragung zum Beispiel über ein weitflächiges Netz mit Glasfasern nicht wirtschaftlich vorstellbar und dieses insbesondere nicht in Großflächenstaaten mit einigen Ballungsgebieten. Man wird also erwarten können, daß die Rundfunkverteilung neuer Systeme wie auch heute schon eine gemischte Übertragung zum Teilnehmer sein wird:

a) Bei ungehinderten Empfangsbedingungen: Satellitenversorgung.

b) In dicht bebauten Gebieten: Zusatzversorgung über Leitungen.

Handelt es sich um Hörfunk, so kommt zu diesen Überlegungen noch die Forderung des mobilen Empfangs hinzu. Diese ist nur über Funk zu bewältigen. Im Funkfeld ist für diesen Zweck ein frequenzökonomisches Verfahren auszusuchen, das hohe Qualität, hohe Programmzahlen beim mobilen Empfang sicherstellt.

Im Rahmen eines Eureka-Projektes „Digital Audio Broadcast“ wird gemeinsam von Forschungsinstituten und Industrieunternehmen aus Europa an einem Systemvorschlag für eine neue Hörfunkgeneration gearbeitet. Hauptproblemfelder sind die Reduktion der Datenrate für Audiosignale, wie sie auf einer CD aufgezeichnet sind, etwa um den Faktor acht ohne hörbare Qualitätseinbußen und die Bewältigung der ungünstigen Ausbreitungsverhältnisse, wie wir sie beim UKW-Empfang vorfinden, nämlich die Überlagerung mehrerer Ausbreitungswege. Für beide Problemfelder zeichnen sich Lösungen ab, und erste Versuche in der Bundesrepublik haben vierzig Jahre nach der ersten Versuchsausstrahlung mit UKW vom gleichen Sendeturm in München-Freimann stattgefunden und die Machbarkeit erwiesen.

Durch die Öffnung Europas in Richtung Osten bekommt auch ein Anstoß aus der Sowjetunion Bedeutung, über gemeinsame Lösungen und ein terrestrisches System nachzudenken. Hier könnte sich für ein dort geplantes digitales Satellitenradiosystem ein komplementäres System als Gesamtvorschlag herausschälen, der bei gleicher Empfängertechnik die großflächige Versorgung über Satelliten vorsieht und in Ballungsgebieten, wozu dann allerdings große Teile Westeuropas gehören, über terrestrische Sender.

Dieses neue Hörfunksystem, das dann mit höchster Qualität und geringem Frequenzbedarf mobil empfangbar sein wird, darüber hinaus durch die Mitsendung von Zusatzinformation vielfältige Zusatzanwendungen ermöglicht, sollte nicht als Vertriebsweg für neue Programme angesehen werden, sondern vielmehr als Nachfolgesystem für das heutige UKW-System nach einer langen Übergangsperiode. Die Zusatzaufwendungen halten sich in Grenzen, da in den nächsten Jahren im Studio ohnehin eine Umstellung auf digitale Bearbeitung und Speicherung erfolgen wird.

Nachdem bisher nur über Neuerungen berichtet wurde, die im Erscheinungsbild einer Rundfunksendung beim Teilnehmer sichtbar und hörbar sind oder später werden, sollte natürlich auch einmal der Blick in das Funkhaus und in den Produktionsbereich gerichtet werden. Neben den Voraussetzungen, die für die Umsetzung neuer Möglichkeiten für den Teilnehmer erforderlich sind, gibt es auch im Produktionsbereich unter Anwendung der Digital- und Prozessortechnik Neuerungen, die in den letzten Jahren schritthaltend eingeführt worden sind. Betriebssicherheit und Handhabung wurden dadurch so verbessert, daß nun Arbeitsschritte möglich wurden, die früher umständlich und langwierig oder gar undenkbar waren. Dadurch kann die Attraktivität des Programms ohne Beeinträchtigung durch technische Unzulänglichkeiten und die Aktualität durch schnelle Bereitstellung erhöht werden. Es gibt allerdings auch eine Kehrseite dieser neuen Möglichkeiten, die dazu führt, daß in manchen Produktionen die Bearbeitungszeiten verlängert wurden. Dieses ist sicher gerechtfertigt, wenn das Endprodukt dadurch sicht- und hörbar besser wird; es muß jedoch geprüft werden, ob manche der hinzugetretenen Funktionen nicht eine Qualität und Perfektion bringen, die zum Zeitpunkt der Produktion gar nicht weitergegeben werden kann. Auf der anderen Seite ist natürlich auch zu bedenken, daß zumindest für den nicht aktuellen Bereich eine spätere Verwendung berücksichtigt werden sollte; so hat zum Beispiel die digitale Aufzeichnungstechnik schon seit längerer Zeit Einzug in die Produktionsstudios im Hörfunk gehalten. Selbst wenn die erzielbare Qualität im Moment nur über den digitalen Satellitenrundfunk und im Fernsehen noch auf längere Zeit nicht dem Teilnehmer übertragen werden können, ist hiermit der Grundstein für eine Zukunftssicherung durch spätere Weiterverwertbarkeit der aufwendigen Produktionen gelegt. So ist also bei der Beurteilung nicht allein ausschlaggebend, was jetzt gebraucht wird, sondern was vielleicht auch später einmal zur Verwendung in anderen Systemen erforderlich sein wird. Unter diesem Gesichtspunkt ist auch die Einführung der digitalen Überspieltechnik im Dauerleitungsnetz (DSl) und bei der Überspielung im internationalen Bereich über Satelliten (EURORADIO) zu sehen. Während diese Technik zur Zeit nur geringfügig mehr kostet als die bisherige Übertragung, wird sie zu einer späteren Zeit unerläßlich sein bei Einführung anderer Vertriebswege zum Teilnehmer.

Ein weiterer Punkt muß bei der Wirtschaftlichkeitsberechnung zusätzlich allerdings beachtet werden. Digitalgeräte werden inzwischen mit einem Preis-/Leistungsverhältnis angeboten, das früher undenkbar war. Der möglicherweise vergleichsweise geringe Anschaffungspreis sollte aber nicht über die Gesamtkosten, bestehend aus Einführung, Schulung, Betriebs- und Instandhaltungskosten, hinwegtäuschen. Diese Technik kann gegebenenfalls höher qualifiziertes Personal erfordern, für den Betrieb und die Instandhaltung, wie sich bei nachträglicher Betrachtung der Automatisierungsvorhaben der siebziger Jahre in den Funkhäusern unschwer erkennen läßt.

Mit diesen Ausführungen mag deutlich geworden sein, daß der öffentlich-rechtliche Rundfunk zum Nutzen der Teilnehmer und der Wirtschaft seinen Beitrag zur vernünftigen technischen Weiterentwicklung geliefert hat. Als neue Aufgabe kommt die von der EG gewünschte grenzüberschreitende Aussendung von Rundfunksignalen in andere Länder über großflächige Versorgungssysteme hinzu, was zwingend eine internationale Abstimmung nicht nur bei der Ausstrahlung, sondern auch bei den Gerätemerkmalen nach sich zieht. Der Rundfunk wird auch wie bisher durch Weiterentwicklung seiner programmlichen und technischen Möglichkeiten im Bereich der Audio- und Videotechnik und der Nachrichtentechnik unter Beachtung wirtschaftlicher Gesichtspunkte seine integrierende Aufgabe wahrnehmen und damit seinen Beitrag zum wirtschaftlichen und kulturellen Wohl der Gesellschaft leisten.

Wolfgang Kaiser

Zum Stand des Kabelrundfunks

1. Heutige Situation

Der Kabelrundfunk in der Bundesrepublik Deutschland auf der Basis der von der Deutschen Bundespost installierten Koaxialkabel-BK-Netze hat einen hohen Stand erreicht und wird laufend weiterentwickelt. Wie *Bild 1* zeigt, hatten am 1. Januar 1990 bereits 14,1 Mio., also mehr als die Hälfte aller Fernsehhaushalte in der BRD, die Möglichkeit, an derartige Netze angeschlossen zu werden. Tatsächlich

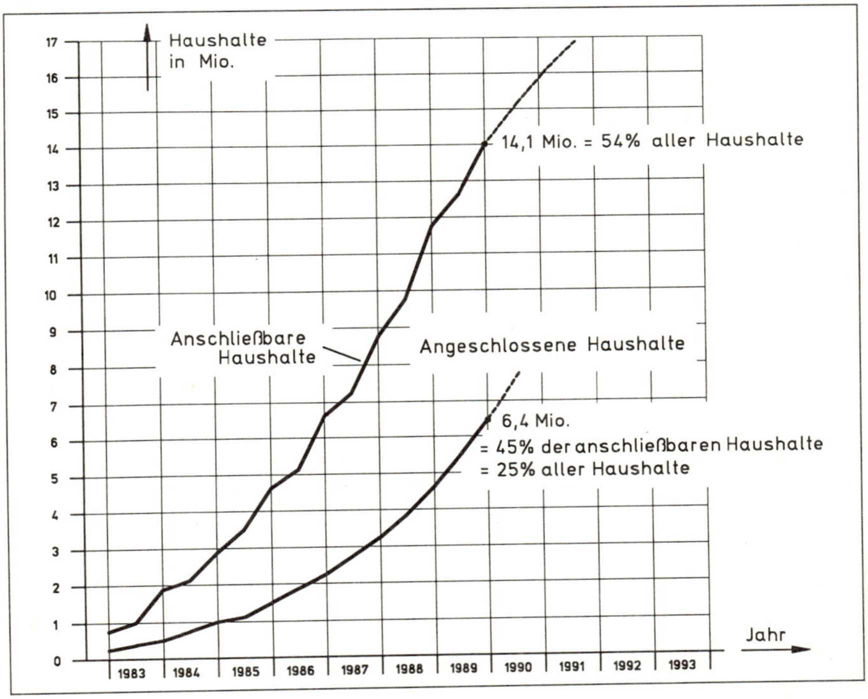

Bild 1: Zahl der BK-Haushalte in der Bundesrepublik Deutschland – Fernsehhaushalte insgesamt: 25,7 Mio.

angeschlossen waren zu diesem Zeitpunkt 6,4 Mio. Haushalte, also 25 Prozent aller Haushalte beziehungsweise 45 Prozent der anschließbaren Haushalte. *Bild 1* zeigt auch, daß die jährliche Zunahme beträchtlich ist, was insbesondere auf den zügigen Ausbau dieser BK-Netze zurückzuführen ist. Nach den Planungen der Deutschen Bundespost-TELEKOM soll die Zahl der anschließbaren Haushalte Ende 1990 etwa 16 Mio. (= 62 Prozent) und Ende 1991 etwa 17,5 Mio. (= 68 Prozent) betragen. Verständlicherweise wird die Wachstumsrate dann abnehmen, so daß derzeit erwartet wird, daß im Jahre 1995 mit 20,6 Mio. (= 80 Prozent) anschließbarer Haushalte der Maximalwert erreicht wird.

Ein Vergleich mit den USA, Kanada und anderen europäischen Ländern zeigt, daß nur noch in USA die Zahl der Kabelfernsehhaushalte größer ist als in der Bundesrepublik (*Bild 2*). Dagegen ist die Anschlußdichte in einigen europäischen Ländern höher als in der Bundesrepublik, wobei insbesondere in kleinen Ländern der Wunsch nach einem ungestörten Empfang möglichst vieler Programme der dominierende Grund für den Anschluß an das Kabelnetz ist. Häufig sind auch die zu entrichtenden Gebühren im Vergleich mit dem Aufwand für den Einzelempfang von Satellitenprogrammen attraktiv. Interessant ist, daß die Verbreitung von Kabelfernsehen in Großbritannien und Frankreich noch sehr gering ist.

	Kabelfernsehhaushalte	Prozent aller Fernsehhaushalte
USA	52 Mio.	57%
Kanada	6,0 Mio.	65%
Europa:		
Belgien	3,18 Mio.	87%
Niederlande	4,31 Mio.	78%
Schweiz	1,59 Mio.	69%
Irland	0,32 Mio.	34%
Norwegen	0,45 Mio.	29%
Dänemark	0,59 Mio.	27%
Bundesrepublik	6,40 Mio.	25%
Finnland	0,44 Mio.	25%
Schweden	0,69 Mio.	22%
Österreich	0,50 Mio.	18 %
Großbritannien	0,28 Mio.	1 %
Frankreich	0,25 Mio.	1 %

Bild 2: Kabelfernsehhaushalte in USA, Kanada und Europa

Bild 3 gibt eine prozentuale Aufgliederung der Antennen- beziehungsweise Verteilanlagen in der Bundesrepublik Deutschland. Danach benutzten Mitte 1989 noch etwa 8 Mio. (= 31 Prozent) Fernsehhaushalte Einzelantennen für den Rundfunkempfang. Weitere 8,7 Mio. (33,5 Prozent) Fernsehhaushalte waren an relativ kleine, private Gemeinschaftsantennenanlagen angeschlossen, die in ihrem Programmangebot häufig begrenzt sind.

Die größeren privaten Gemeinschaftsantennenanlagen und die Breitbandverteilnetze der Deutschen Bundespost-TELEKOM bieten selbstverständlich den Empfang einer großen Zahl von Fernseh- und Hörfunkprogrammen.

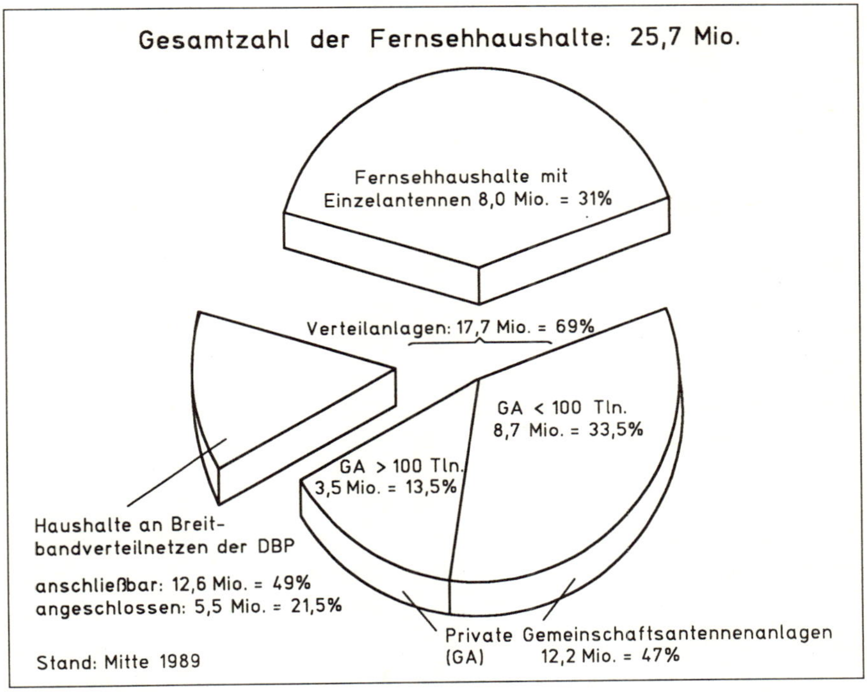

Bild 3: Prozentuale Aufgliederung der Antennen- und Verteilanlagen in der Bundesrepublik Deutschland

Im Gegensatz zu der im Fernsprechnetz verwendeten, sternförmigen Netzstruktur weisen Breitband-Kabelanlagen (BK-Netze) eine Baumstruktur auf, das heißt die Hörfunk- und Fernsehsignale werden, ausgehend von der Zentrale, über ein Netz von Koaxialkabeln unterschiedlichen Durchmessers (vergleichbar dem Stamm, den Ästen und Zweigen eines Baumes) bis zu den sogenannten Übergabepunkten geführt, an die sich dann die teilnehmereigenen Hausverteilanlagen anschließen (*Bild 4*).

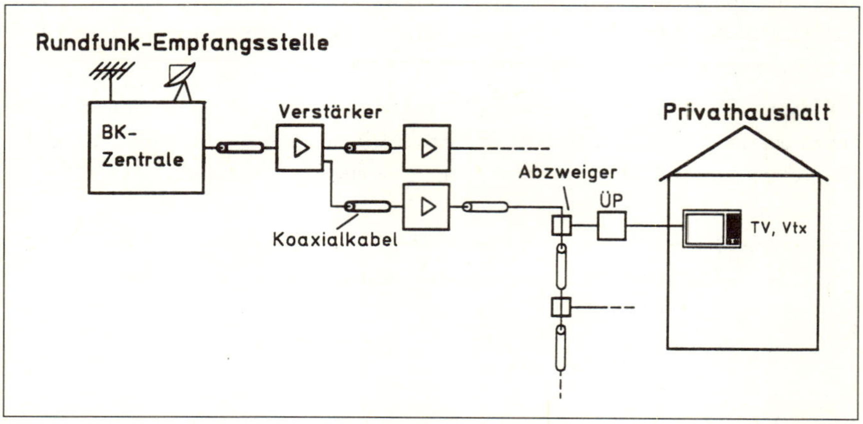

Bild 4: Koaxialkabel-Baumnetz für die Verteilkommunikation

Da die Koaxialkabel bei hohen Frequenzen eine beträchtliche Dämpfung aufweisen, sind im Abstand von jeweils etwa 300 bis 400 m Verstärker angeordnet, um die Signale auf ihren ursprünglichen Pegel wieder anzuheben. Durch die Kaskadierung, das heißt das Hintereinanderschalten von Verstärkerabschnitten, wird der Einfluß der unvermeidlichen Störungen relativ größer, so daß mit dieser Anordnung nur Entfernungen bis maximal 8 km beherrscht werden.

In derartigen Verteilnetzen erfolgt der Informationsfluß in der Richtung von der Verteilzentrale zu den Teilnehmern, ist also *ein*seitig gerichtet. Daher können nur die Kommunikationskategorien „Verteilen" und „Beschränktes Verteilen" verwirklicht werden, wobei der letztere Begriff kennzeichnen soll, daß die Informationen nur von Teilnehmern empfangen werden können, die sich von dem unbeschränkten Teilnehmerkreis durch den Einsatz besonderer Endgeräte und meist auch die Zahlung zusätzlicher Gebühren unterscheiden.

Zu den Verteildiensten gehört insbesondere die Übertragung von Fernseh- und Hörfunkprogrammen, wobei die von der Deutschen Bundespost festgelegte Standardtechnik für Breitbandkommunikations(BK)-Anlagen bei Vollausbau 38 Fernsehkanäle sowie 30 UKW-Stereo-Hörfunk-Kanäle in Analogtechnik und zusätzlich 16 Stereokanäle in Digitaltechnik ermöglicht (*Bild 5*).

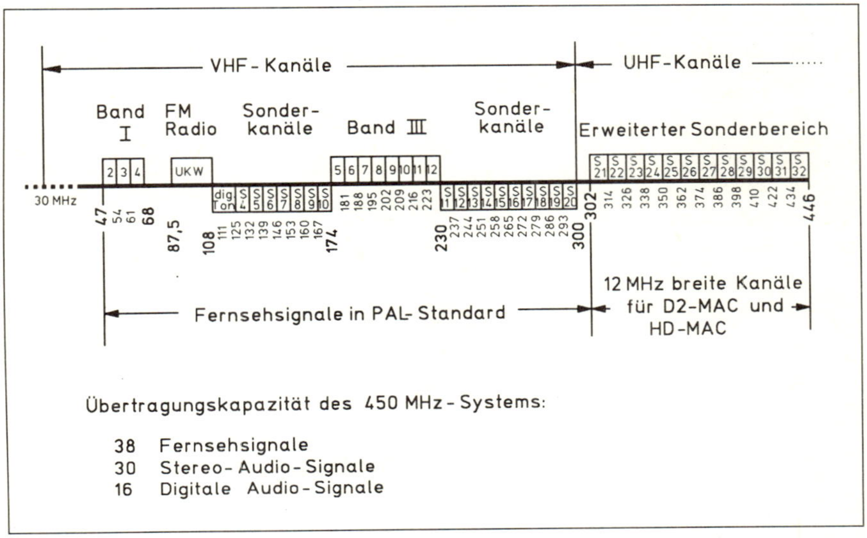

Bild 5: Frequenzschema der Breitbandverteilnetze

Der erweiterte Sonderkanalbereich von 300 bis 450 MHz weist insgesamt 12 Kanäle mit der erweiterten Bandbreite von 12 MHz auf, so daß Signale nach dem neuen Satelliten-Fernseh-Standard D2-MAC und auch zukünftige Signale für hochauflösendes Fernsehen (HD-MAC) über derartige Kanäle dem Teilnehmer zugeführt werden können. Die BK-Netze ermöglichen damit den Empfang aller heute vorhandenen oder auch der in Aussicht genommenen Rundfunksignale, das heißt diese Netze sind auch für zukünftige Nutzungsformen voll tauglich. D2-MAC kennzeichnet eine Norm, bei der das Luminanz- und das Chrominanzsignal, also Helligkeit und Farbe, nicht frequenzmäßig ineinander verschachtelt, sondern zeitlich hintereinander übertragen werden. Durch diese zeitliche Kompression erhöht sich die für D2-MAC Signale notwendige Bandbreite auf 8,4 MHz und bei HD-MAC auf etwa 10 MHz.

Bild 6 gibt einige Angaben zu D2-MAC und HD-MAC und zeigt, um wieviel beim hochauflösenden Fernsehen (HDTV) das Gesichtsfeld erweitert wird; man spricht dann von „Telepräsenz“.

Norm	PAL	D2-MAC	HD-MAC
Zeilen	625	625	1250
Sichtbare Zeilen	575	574	1148
Bildfrequenz Hz	50	50	50
Zeilensprung	2:1	2:1	2:1
Seitenverhältnis	4:3	4:3/16:9	16:9
Übertragung	Frequenzmultiplex	Zeitmultiplex	Zeitmultiplex
Eigenschaften		Keine Cross-Luminanz, Keine Cross-Chrominanz Zusätzliche digitale Audio-und Datensignale	

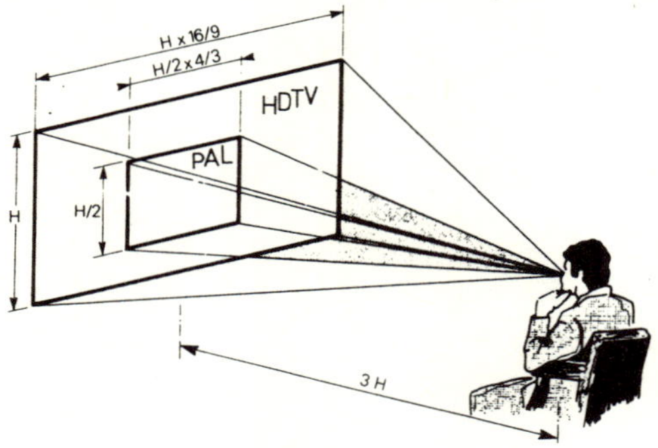

Bild 6: Vergleich zwischen PAL, D2-MAC und HD-MAC

2. Technologische Entwicklung

Die Technik der Telekommunikation ist derzeit einem schnellen Wandel unterworfen. Bestimmend hierfür sind die in den letzten Jahren erzielten, großen technologischen Innovationsschritte, allen voran die Fortschritte in der Mikroelektronik (*Bild 7*). Heute ist die Miniaturisierung der Halbleiterbausteine schon so weit fortgeschritten, daß auf einem Silizium-Speicherchip beispielsweise vier Millionen Impulse, also vier Millionen Bits, das heißt Ja-Nein-Entscheidungen, gespeichert werden können, und das Wettrennen um den 64-Mbit-Speicherchip hat bereits begonnen.

Die Mikroelektronik ermöglicht den Übergang

- von der Analogtechnik zur Digitaltechnik und
- von den relativ einfach strukturierten Einzelnetzen zu „intelligenten" Telekommunikationsnetzen mit Integration der verschiedenen Funktionen und Dienste, bis hin zur Breitbandkommunikation.

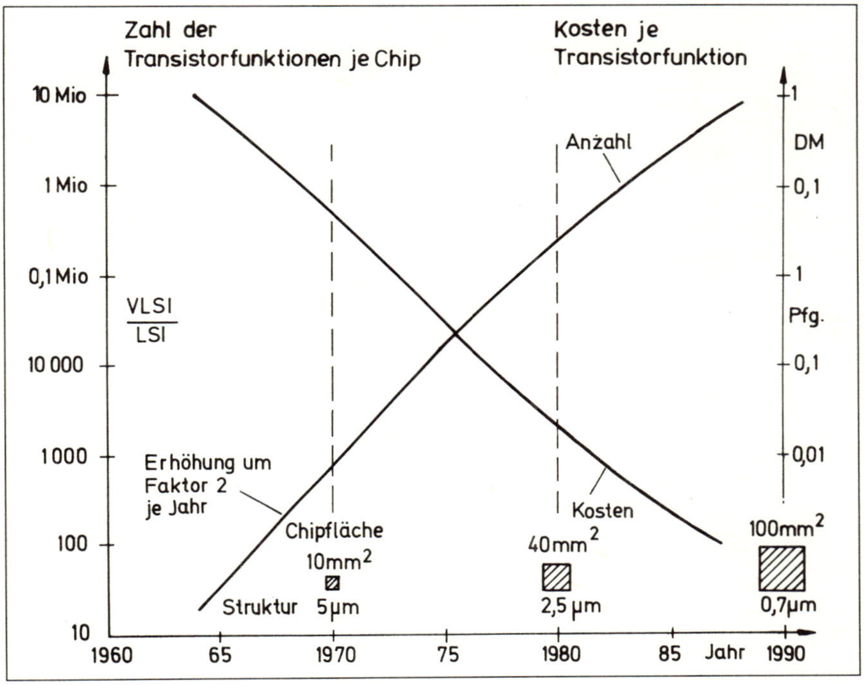

Bild 7: Entwicklung der Mikroelektronik

Sie erlaubt aber auch die Entwicklung sehr leistungsfähiger, moderner Studio- und Wiedergabegeräte, bei denen beispielsweise vollständige Fernsehbilder zum Zweck der Bildverarbeitung zwischengespeichert werden.

Bild 8 zeigt in einer Übersicht weitere innovative Kräfte, die diesen schnellen Umbruch in der Telekommunikationstechnik vorantreiben. So bietet die im folgenden Vortrag angesprochene Weiterentwicklung der Satellitentechnik ebenfalls beträchtliche Chancen.

Die optische Übertragung von Nachrichten in Glasfaserkabeln hat beachtliche Fortschritte gemacht und ist im Weitverkehrsnetz das bevorzugte Übertragungsmedium geworden. Ein optisches Nachrichtenübertragungssystem besteht aus einem Lichtsender, der das elektrische Signal in ein Lichtsignal umwandelt, einer extrem dünnen Glasfaser, in der das Licht geführt wird, und einer Photodiode, in der das Lichtsignal wieder in ein elektrisches Signal zurückverwandelt wird. Der in die Glasfaser eingekoppelte Lichtstrahl wird im Innern der Faser durch Totalreflexion an der die Faser umgebenden Grenzschicht sehr verlustarm über große Entfernungen geführt.

Die geringe Dämpfung und die große Bandbreite von sogenannten Einmoden-Glasfasern sind für die Übertragung breitbandiger Signale sehr vorteilhaft. Nachteilig für den Einsatz im Teilnehmeranschlußnetz sind die im Vergleich zu Kupferkabeln erhöhten Kosten, insbesondere auch für die elektro-optischen und optoelektrischen Wandler mit den zugehörigen Elektronikschaltungen. Hier lassen aber technologische Weiterentwicklungen und neue Netzstrukturen, auf die zum Schluß noch hingewiesen wird, sowie die zu erwartenden Fortschritte in der Mikroelektronik eine deutliche Verbesserung der Situation erwarten.

- Mikroelektronik ermöglicht
  - digitale Übertragungs- und Vermittlungstechnik
  - Signalprozessoren
  - "intelligentere" Endgeräte
  - dezentrale Text- und Datenverarbeitung
- Satellitentechnik zur
  - breitbandigen Verbindung von Netzinseln
  - Verteilung von Fernsehsignalen
- Optische Nachrichtenübertragung ermöglicht
  - höhere Übertragungsgeschwindigkeit
  - größeren Verstärkerabstand
- Softwaremethoden ermöglichen
  - rechnerunterstützte Telekommunikation
  - Kommunikationsprotokolle
  - vernetzte Arbeitsplatzstationen

Bild 8: Innovative Kräfte für die evolutionäre Weiterentwicklung der Telekommunikation

Schließlich wird in *Bild 8* auch auf die innovative Kraft moderner Softwaremethoden für die Gestaltung komplexer und dennoch benutzerfreundlicher Systeme hingewiesen.

Alle diese Trends führen zu einer evolutionären Weiterentwicklung auch in der Technik des Kabelrundfunks.

Früher war die Breitbandkommunikation eine ausschließliche Domäne des Fernsehens, wobei eine Frequenzbandbreite von etwa fünf MHz für den PAL-

Fernsehstandard benötigt wird. Demgegenüber genügten und genügen auch heute noch für die Dialogkommunikation von Sprache, Daten und Texten relativ schmale Frequenzbänder. Dementsprechend gab es auch zwei völlig getrennte Netze, auf der einen Seite die terrestrische Ausstrahlung von Funksendern aus, auf der anderen Seite das Fernmeldenetz der Deutschen Bundespost, insbesondere das Fernsprechnetz.

In jüngerer Zeit entstehen nun auch Breitband-Kommunikationsformen, deren Zuordnung nicht immer einfach ist und die häufig Vielzweck-Übertragungsnetze voraussetzen. Gemeint ist beispielsweise das eingeschränkte Verteilen von Nachrichten und Programmen, Pay-TV, Pay Per View, der Nachrichtenabruf durch den Teilnehmer (Retrieval in Datenbanken), aber auch Formen des Abfragens durch eine gemeinsame Zentrale und eines begrenzten Dialogs zwischen Teilnehmer und Zentrale.

In *Bild 9* sind diese Klassen von möglichen Breitbanddiensten näher erläutert, und es sind die Anforderungen an die Frequenzbandbreite sowohl für den Übertragungsweg in Vorwärtsrichtung als auch für den Weg in Richtung zurück zur Zentrale genannt.

Nur für den uneingeschränkten Dialog von bewegten Bildern sind in beiden Richtungen Breitband-Kanäle erforderlich. Für den interaktiven Dialog und den Informationsabruf genügt für die Rückrichtung ein Schmalbandkanal, der übertragungstechnisch beispielsweise in das Netz für die anderen Schmalbanddialogdienste (zum Beispiel ISDN) integriert sein kann.

Die für Fernsehen nicht genutzten Breitbandkanäle von Verteilnetzen könnten für Dienste genutzt werden, die über das sogenannte Kabelfernsehen hinausreichen. So könnten derartige Kanäle beispielsweise für die schnelle Übermittlung elektronischer Texte eingesetzt werden, eine Telekommunikationsform, die die Bezeichnung Kabeltext trägt. Mit Kabeltext können dem Teilnehmer etwa 1000 Textseiten je Sekunde und je Fernsehkanal für seinen individuellen Zugriff angeboten werden, wodurch die bei Videotext infolge der niedrigen Übermittlungsgeschwindigkeit auftretenden Wartezeiten deutlich verkürzt werden und ein schnelles „Blättern" möglich wird. Auf diese Weise könnte eine Art von „elektronischer Zeitung" entstehen.

Eine Erweiterung dieses Kabeltextsystems auf die Übertragung hochauflösender stillstehender Bilder und kombinierter Text- und Bildseiten („Kabelbild") wird von uns derzeit untersucht. So könnte eine elektronisch übertragene „Illustrierte Zeitung" realisiert werden. Zur Verringerung der Dauer der digitalen Bildübertragung sieht dieses System eine Bitratenreduktion um den Faktor 6 durch Anwenden der Adaptiven Diskreten Cosinustransformation vor, so daß stillstehende Farbbilder mit hoher Auflösung in wenigen Sekunden übertragen werden können.

	Vorwärts-kanal	Rück-kanal
Dialog von Teilnehmer zu Teilnehmer: -Bildfernsprechen -Bildkonferenz -Datenaustausch	Breitband	B
Interaktiver Dialog mit Zentrale: -Bestellen, Reservieren -Auskunftsdienste -Blättern in Bildbanken -Spiele -Lernen -Beratung -Semibildfernsprechen	B	Schmal-band
Abrufen von Informationspaketen -Texte -Bilder und Filme -Telesoftware	B	S
Zugreifen zu zyklisch angebotenen Informationen: -Texte -Bilder	B	-
Eingeschränktes Verteilen von Fernsehen und Hörfunk: -Pay-TV -Pay-per-View -geschlossene Teilnehmergruppen	B	-
Verteilen von Fernsehen und Hörfunk einschließlich Fernsehen hoher Auflösung	B	-

Bild 9: Mögliche Breitbanddienste (Annahme: Schmalbanddialogdienste auf ISDN)

Stehen darüber hinaus schmalbandige Rückkanäle vom Teilnehmer zurück zur Zentrale zur Verfügung, so kann eine ganze Reihe neuer, interaktiver Telekommunikationsdienste verwirklicht werden, zu denen das Abrufen von Texten und Bildern, das Erfassen von Informationen durch die Zentrale und die vielfältigen Möglichkeiten des Dialogs mit der Zentrale gehören. Dabei können die schmalbandigen Rückkanäle im Fernsprechnetz oder im ISDN oder auch durch Erweiterung der BK-Netze (zum Beispiel im Frequenzbereich 5... 10 MHz) gebildet werden.

Die optische Übertragung in Glasfaserkabeln ist ohne Zweifel die kabelgebundene Übertragungstechnik der Zukunft. Daher wird sie im Weitverkehrsnetz, wie bereits betont, mehr und mehr eingesetzt. Ihre allgemeine Einführung in der Orts- und Teilnehmerebene stößt aber noch auf wirtschaftliche Schwierigkeiten, da neben den Kabelkosten auch noch die relativ großen Aufwendungen für die elektro-optischen und opto-elektrischen Wandler getragen werden müssen. Es gibt aber vielseitige Bemühungen, um dieser Technologie auch in der Teilnehmerebene nach dem Motto „Glasfaser bis ins Haus (Fibre to the Home)“ zum Durchbruch zu verhelfen.

Hier sei zunächst das Vorläufer-Breitband-Netz VBN auf Glasfaserbasis genannt, das in 29 Städten der Bundesrepublik einen Zugang zu optischen 140 Mbit/s-Wählverbindungen gestattet, die weitgehend bundesweit flächendeckend angeboten werden. Dieses Wählnetz wird eingesetzt zur Verbindung zwischen Videokonferenzstudios oder auch zwischen örtlichen Rechnernetzen (LAN). Es könnte aber auch zum Bilden von Zubringerverbindungen für Fernsehprogramme genutzt werden.

Darüber hinaus können Glasfasern zur Verknüpfung von BK-Koaxialkabel-Teilnetzen verwendet werden. *Bild 10* zeigt die prinzipielle Anordnung einer solchen Hybridstruktur, wie sie in USA im Einsatz ist und auch in der Bundesrepublik diskutiert wird.

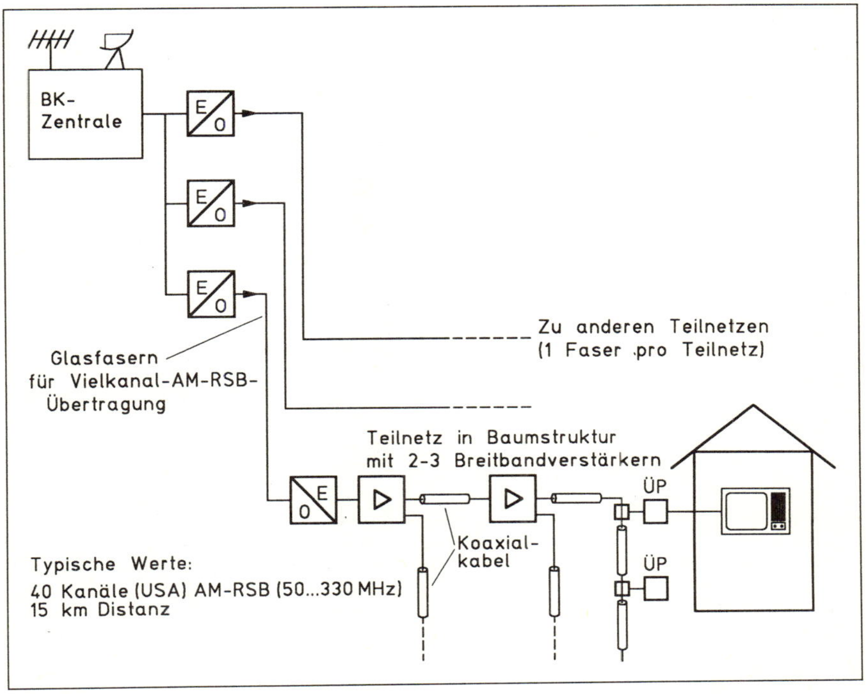

Bild 10: Anschluß weiter entfernt liegender Teilnetze mittels Glasfaser-Zubringerleitung

Die Linearität moderner Laserdioden wurde in den vergangenen Jahren so sehr verbessert, daß die gleichzeitige Übertragung von etwa 40 Fernsehkanälen in der Original-AM-RSB-Technik auf einer einzigen Glasfaser über eine Entfernung von etwa 15 km möglich wurde. Modernere Systeme sollen sogar in der Lage sein, bis zu 80 Kanäle gleichzeitig zu übertragen, eine Bandbreitenforderung, die auch in den daran angeschlossenen Koaxialkabel-Teilnetzen erfüllt werden kann, da diese nur eine geringe Ausdehnung haben müssen.

Diese Technik ermöglicht das Zusammenschalten kleinerer Teilnetze, für die sich eine eigene Rundfunk-Empfangsstelle nicht lohnt, zu wirtschaftlichen Netzen mit größerer Flächendeckung und gleichzeitig eine Erhöhung der Kanalzahl, falls weitere Kanäle für zusätzliche Dienste benötigt werden.

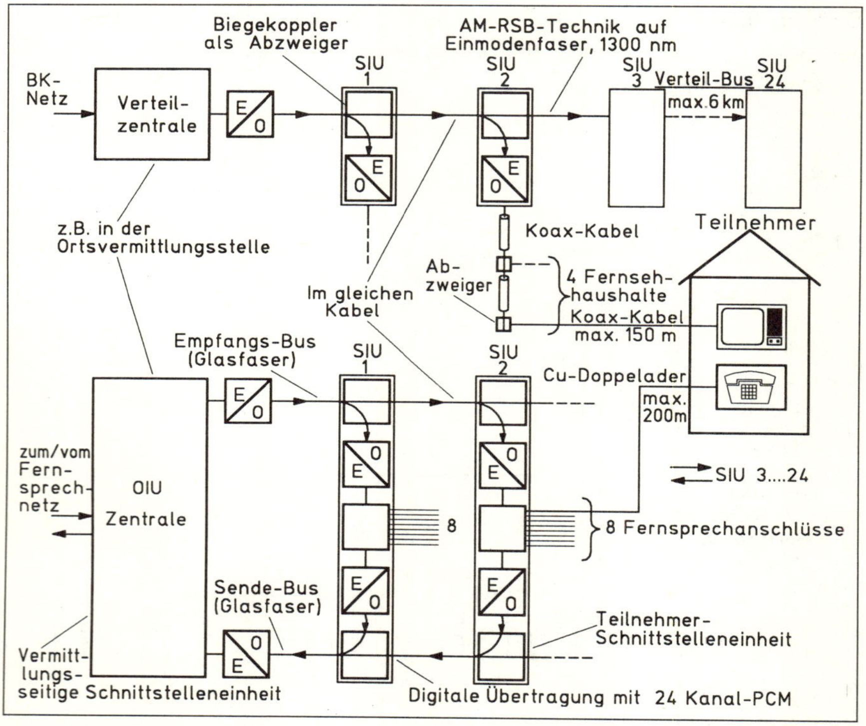

Bild 11: Glasfaser-Bus-Netzstruktur im Raynet-Versuchsnetz. Weitere Versuchsleitungen sind sternförmig an die Zentrale angschlossen.

Schließlich möchte ich noch beispielhaft auf das Raynet-Projekt eingehen, ein Versuchsnetz, das derzeit im Auftrag der Deutschen Bundespost-TELEKOM in einem Neubaugebiet in Köln installiert wird. Hier besteht das Ziel, insgesamt 192 Haushalte mit minimalem Aufwand über Glasfasern sowohl mit Hörfunk und Fernsehen als auch mit schmalbandigen Dialogdiensten (Fernsprechen) zu versorgen. *Bild 11* zeigt in der oberen Hälfte die gewählte Netzstruktur für das Verteilen von Fernseh- und Hörfunkprogrammen: Von der Verteilzentrale gehen sternförmig Glasfaser-Bus-Leitungen aus, in die insgesamt 24 Biegekoppler eingeschleift sind, an die dann nach einer opto-/elektrischen Wandlung der AM-RSB-Kanäle je vier Fernsehhaushalte über kurze Koaxialkabel angeschlossen sind.

Im unteren Teil von *Bild 11* wird gezeigt, wie in einem derartigen Netz gleichzeitig Fernsprechverbindungen den Teilnehmern zur Verfügung gestellt werden. Dazu werden in denselben Kabeln, aber in getrennten Glasfasern, und zwar je einer für die Sende- und für die Empfangsrichtung, digitale 24-Kanal-PCM-Signale übertragen. Dabei sind jeweils acht Fernsprechanschlüsse über Biegekoppler an die Busleitungen angeschlossen.

Für die Hausanschlüsse werden die üblichen Kupfer-Doppeladern verwendet. Das Netz bietet eine gemeinsame Übertragung von Rundfunk und Fernsprechen in einer gemeinsam genutzten Netzstruktur, wenn auch nicht auf einer einzigen Glasfaser pro Teilnehmer.

Die Deutsche Bundespost-TELEKOM prüft derzeit die in großer Zahl im Rahmen eines Konzeptwettbewerbs eingegangenen Projektvorschläge auf ihre Eignung für die gleichzeitige, wirtschaftlich machbare Übertragung von Rundfunk und Fernsprechen und beabsichtigt, einige dieser Vorschläge in Versuchsnetzen zu verwirklichen. Hier werden die nächsten Jahre wichtige Erkenntnisse bringen.

Pierre Meyrat

Satelliten: Offene Informationsnetze am Himmel – Mittel zur zukunftssichernden Markterschließung

Wahlfreiheit setzt Empfangsfreiheit voraus, eine Maxime, der sich keine Demokratie entziehen kann. Erst durch den Einsatz von Satelliten und durch die Entwicklung ihrer technologischen Möglichkeiten ist die Verwirklichung des Artikels 10 der Europäischen Menschenrechtskonvention zu einem realistischen Postulat geworden. Gemäß diesem Artikel hat jedermann Anspruch auf freie Meinungsäußerung. Dieses Recht schließt die Freiheit der Meinung und die Freiheit zum Empfang und zur Mitteilung von Nachrichten oder Ideen ohne Eingriffe öffentlicher Behörden und ohne Rücksicht auf Landesgrenzen ein. Der vielzitierte „free flow of information" findet seine Entsprechung – um dies gleich vorweg zu nehmen – in den „offenen Informationsnetzen am Himmel", die erst durch den Einsatz ganz bestimmter Satelliten-Typen möglich wurde.

Es verwundert nicht, daß angesichts der politischen Reformentwicklung in Osteuropa nicht nur der Inhalt von Artikel 10 der EMK sinngemäß seinen Niederschlag im Anfang 1989 verabschiedeten Wiener Schlußdokument der KSZE gefunden hat, sondern auch der aktuelle Bezug zum Stand der Kommunikationstechnologie gemacht wurde.

Dort steht, daß alle 35 KSZE-Staaten in Ost und West „... sicherstellen, daß Rundfunksendungen, die gemäß der Funkordnung der Internationalen Fernmeldeunion (ITU) ausgestrahlt werden, in ihren Staaten direkt und normal empfangen werden können..." Außerdem wird ergänzt, daß alle modernen Kommunikationsmittel und damit auch Satelliten genutzt werden, „um die freiere und umfassendere Verbreitung von Informationen aller Art zu verstärken...". Erst mit dem Satellitenrundfunk wird jedermann potentiell in die Lage versetzt, Empfangs- und Wahlfreiheit über die Landes- und Sprachgrenzen hinweg in Anspruch zu nehmen oder geltend machen zu können.

Die Inanspruchnahme und Durchsetzung der Empfangs- und Wahlfreiheit beim Satellitenrundfunk hat – obwohl erst seit wenigen Jahren einem breiteren Publikum bekannt – schon Veränderungen in verschiedenen Bereichen ausgelöst, die von großer Tragweite sind. Satellitenrundfunk hat nämlich dazu beigetragen, daß verschiedene Monopole fallen. Das Beispiel der Société Européenne des Satellites zeigt, wie das Postmonopol auf die Verteilung von Rundfunkprogrammen europaweit zu Ende ging. Satellitenrundfunk hat aber auch ganz allgemein das Aufkommen privater Programme gefördert und zum Teil überhaupt erst möglich gemacht. Durch diese konkurrierenden Programme wurde das Informations- und Unterhaltungs-Monopol der öffentlich-rechtlichen Anstalten abgebaut. Sogar an der Reformentwicklung in Osteuropa – wo Information über Jahrzehnte hinweg von einer Partei monopolisiert wurde – soll nach Meinung der Experten der Satellitenrundfunk mit seiner grenzüberschreitenden Informationsvermittlung einen wichtigen Anteil haben. Tatsächlich ist die Beobachtung ebenso erstaunlich wie aufschlußreich, daß in Polen und Ungarn, aber auch in der ehemaligen DDR oder in der CSFR seit einiger Zeit immer mehr Satellitenempfangsanlagen aufgestellt werden.

Satelliten, die Fernsehprogramme und Hörfunksendungen verbreiten, haben also ganz offensichtlich nicht nur eine kommerzielle Bedeutung, sondern sie erfüllen unter übergeordneten Gesichtspunkten eine wichtige Funktion. Voraussetzung dafür ist, daß diese Satelliten konzeptionell so angelegt sind, daß für jedermann die faktischen Voraussetzungen bestehen, daß er neben der Grundversorgung an Informationen zusätzlich die Chance hat, zwischen anderen neuen, konkurrierenden, ergänzenden oder alternativen Programmen auszuwählen. Das Potential dafür beträgt – nach Abzug aller europäischen Kabelhaushalte – immer noch über 80 Prozent von der Gesamtheit der westeuropäischen Fernsehhaushalte.

Meine Überlegungen werden sich auf zwei Satellitensysteme – nämlich nationale Fernmeldesatelliten und Medium-Power-Satelliten – beschränken.

Es sind nur diese beiden Systeme, die für die Verteilung von Fernsehen und Hörfunk realistischerweise im Vordergrund stehen.

Einzelne Länder haben *Low-Power-Satelliten* zur nationalen Versorgung mit Fernmeldediensten und Fernsehprogrammen vorgesehen. In Europa sind dies Frankreich, das schon drei Telecom-Satelliten gestartet hat, sowie die Bundesrepublik, die im letzten Jahr ihren DFS 1 Kopernikus erfolgreich in Betrieb nahm.

Diese Fernmeldesatelliten sind so konzipiert, daß sie gleichzeitig für Telekommunikation und Fernsehverteilung für die nationale Versorgung verwendbar sind. Damit ist auch gesagt, daß die Betreiber dieser Satelliten darauf verzichten müssen, eine der beiden verschiedenen Funktionen zu optimieren.

Das andere zur Diskussion stehende System zur Übertragung von Fernsehprogrammen sind die *Medium-Power-Satelliten*, die speziell für die Verteilung solcher Programme via Kabelnetz oder durch Direktempfang vorgesehen sind.

Gegenwärtig ist ASTRA der einzige Satellit in dieser Kategorie. Das ASTRA-

System ist ausschließlich für Satellitenrundfunk geplant und operiert im FSS-Bereich, dem Bereich des „Fixed Satellite Service". ASTRA 1A hat 16 Kanäle in einem Spektrum von *nur* 250 MHz im Bereich von 11.20 bis 11.45 GHz. Jeder Kanal hat 27 MHz Bandbreite. Der kürzlich angekündigte Start von ASTRA 1B, der mit ASTRA 1A im Orbit ko-positioniert werden soll, macht 16 weitere Kanäle und damit insgesamt 32 verfügbar. Ko-Positionierung von Satelliten bedeutet konkret, daß alle Programme von ASTRA 1A und ASTRA 1B mit ein und demselben Gerät empfangen werden können, das sich der Zuschauer heute kauft, um die 16 Kanäle von ASTRA 1A zu sehen.

Dieser Vorteil ergibt sich aus dem langfristig angelegten Konzept von ASTRA, das die Down-Frequenzen möglicher weiterer ko-positionierter Satelliten im selben Frequenzband vorsieht. Schon nur mit einem weiteren Satelliten läßt sich das „cable in the sky" verwirklichen, weil die bis zu 32 Kanäle es den nationalen und internationalen Programmanbietern ermöglichen, im Rahmen eines substantiellen und umfassenden Programmpakets ihr eigenes Programm zu vermarkten. Alle Transponder haben den erforderlichen europäischen Footprint, die eine Hälfte mit südlichem, die andere Hälfte mit nördlichem Schwerpunkt. Alle 32 Kanäle decken jedoch unterschiedslos den deutsch-, französisch- und englischsprachigen Markt ab.

Seine Ausleuchtzone ist europaweit, weswegen man – im Gegensatz zu den national gebundenen Fernmeldesatelliten – wirklich von einem offenen und grenzenlosen Informationsnetz am Himmel sprechen kann.

Mit ASTRA wurde ein wirtschaftliches, marktorientiertes Konzept verwirklicht, das im Hinblick auf die Verteilung von Fernsehprogrammen (und damit auch für Hörfunk) optimiert wurde. Es ist überdies das einzige Satellitensystem, das seine Kapazität durch die erwähnte Ko-Positionierung weiterer Satelliten erhöhen kann, ohne daß dabei der Einsatz zum Beispiel teurerer schwenkbarer Antennen erforderlich wäre.

Ein zukunftsweisendes Konzept erlaubt es dem Programmanbieter, alle zukünftigen Verbesserungen und Entwicklungen in die Vermarktung des gegenwärtigen Programmangebotes miteinzubeziehen. Das ist besonders dann von Bedeutung, wenn der Programmanbieter seine Dienstleistung steigert, zum Beispiel wenn er in drei bis fünf Jahren das HDTV – das hochauflösende Fernsehen – auf Grund der Marktsituation einführen will oder muß.

Bei der Konzipierung der meisten Satellitensysteme werden diese praxisbezogenen Probleme jedoch nicht realistisch genug vorhergesehen und in die Planung einbezogen. Solche Systeme machen es erforderlich, daß spätere innovative Entwicklungen im Programmbereich, wie eben zum Beispiel das HDTV, durch einen

Wechsel zu neuen Orbitalpositionen nachvollzogen werden müssen, was eine wesentliche *Hemmschwelle* für die Markteinführung darstellt. Ein Wechsel in der Orbitalposition bedeutet nämlich auch ein Wechsel der Position der Empfangsantenne auf der Erde.

Es ist aber zweifellos ein Hauptanliegen der Programmanbieter, die vielversprechenden Entwicklungen zu HDTV mitzuvollziehen, und zwar unter Ausnützung des angestammten Zuschauerpotentials und mit minimalen Investitionen der Zuschauer. Eine optimale Marktentwicklung ist sicher dann gegeben, wenn Programme *gleichzeitig* in herkömmlicher und in neuer Weise *von derselben Orbitalposition* mit entsprechend ausreichender Transponderkapazität ausgestrahlt werden. Über die Jahre können sich dann nicht nur Programmanbieter auf HDTV umstellen, sondern auch die Zuschauer werden insgesamt allmählich zu neuen Sehgewohnheiten übergehen. Während dieser ganzen Übergangsperiode dürfte es beim hier dargestellten Vorgehen kaum – wenn überhaupt – Verluste an Reichweiten und damit an Zuschauerzahlen geben.

Aus heutiger Sicht bietet das ASTRA-Konzept die einzige wirtschaftliche Form einer sogenannten Aufwärtskompatibilität für die spätere marktgerechte Einführung von HDTV und gibt damit eine erhebliche Zukunftssicherheit.

Die europäischen Programmveranstalter können sich auch in dieser Hinsicht der inneren Logik des ASTRA-Konzeptes nicht entziehen oder die Augen vor dieser zwingenden Logik verschließen. Einer konzeptionellen Logik im übrigen, die sich konsequent daran orientiert, daß heute - aber auch in die Zukunft hinein – jedermann in Europa die Chance hat, sei es durch Kabel oder vor allem durch Direktempfang, aus einem großen Programmangebot auszuwählen.

In diesem Zusammenhang scheint mir abschließend ein wirtschafts- und damit europapolitischer Hinweis angebracht. Ihnen dürfte die strategische wirtschaftliche Bedeutung bewußt sein, die ein von Europa favorisierter Weg zu HDTV mit sich bringt, weil Europa in einer harten Konkurrenzsituation zu den USA und vor allem zu Japan um den Jahrhundertmarkt der neuen HDTV-Geräte steht. Die richtige europäische Problemlösung ist dabei das eine. Ein anderes ist es, daß sich europäisches HDTV im gegebenen Zeitpunkt im Markt schnell und erfolgreich durchsetzen kann. Ein Satellitensystem wie ASTRA, das über die Kapazität und die technische Konfiguration verfügt, eine solche Einführung flächendeckend und schnell zu leisten, ist daher von unschätzbarem europäischen Wert.

Anmerkung:
Das Manuskript von Herrn Pierre Meyrat wurde von Herrn Juerg L. Steinacher, Société Européenne des Satellites, Luxemburg, vorgetragen, der auch die Diskussionen bestritt.

Peter Wildhaber

Die öffentlich-rechtlichen Rundfunkanstalten zwischen Markt und Auftrag

Meine Damen und Herren,

ich spreche zu Ihnen als Vertreter einer Radio- und Fernsehgesellschaft – der SRG – von der 50 Prozent der Schweizer Bevölkerung annehmen, sie sei Staatsbetrieb. Die SRG ist aber tatsächlich als Verein konstituiert, der allerdings in vielerlei Hinsicht (insbesondere im Bereich der Personalpolitik) eng mit beamtenrechtlichen Regelungen verflochten ist. Erlauben Sie mir daher, daß ich unsere Anstalt zum Kreis der Öffentlich-rechtlichen zähle.

Erwarten Sie von mir aber kein Plädoyer für den öffentlich-rechtlichen Rundfunk. Eine sinnfällige Verschränkung von Markt-Notwendigkeiten und Auftrags-Elementen halte ich nach wie vor für eine außerordentliche starke und erstrebenswerte Utopie. Nur sind die öffentlich-rechtlichen Anstalten in ihrer täglichen Arbeit leider allzuhäufig genausoweit von diesem Ideal entfernt wie die privatwirtschaftlich Begründeten.

Nachdem die Vertreter der Technik von Innovationen gesprochen und neue Visionen entwickelt haben, frage ich mich eines: Wo sind denn bisher nur all die programmlichen Innovationen im Hörfunk geblieben, die von der Technik doch eigentlich ermöglicht worden wären?

Radioentwicklung in der Schweiz

Bevor ich deshalb auch noch auf Utopien zu sprechen komme, will ich im folgenden erst einige Anmerkungen zum Stand der Radioentwicklung am Beispiel der Schweiz machen.

In der Schweiz sind die ersten lokalen und werbefinanzierten Radiostationen im November 1983 auf Sendung gegangen. Seither hat sich die Zahl der privaten Stationen in der deutschsprachigen Schweiz auf rund 50 Stationen erhöht. Das Produktionsvolumen hat sich in etwa verzehnfacht; im gleichen Zeitraum hat sich die tägliche Radionutzung „nur“ um knapp 30 Prozent ausgeweitet:

<u>Vergleich 1983 zu 1989</u>

	1983	1989
Anzahl Radiostationen:		
- SRG	8	9
- Private	6	70
Produktionsvolumen	38'000 Stunden	370'000 Stunden
tägliche Hördauer	141 Minuten	183 Minuten
ungefähre Marktanteile:		
- SRG:	75 %	60 %
- Private:	- %	25 %
- Ausland:	25 %	15 %

Abbildung 1: Vergleich 1983 zu 1989

Die Daten und Auswertungen der klassischen Medienanalysen eignen sich für die Erfassung des Marktes und das Verstehen seiner Gesetzmäßigkeiten und Bedingtheiten nur unzulänglich. Wir arbeiten deshalb seit knapp einem Jahr mit einem zusätzlichen Forschungsinstrument, das ich Ihnen in der Folge kurz vorstellen will.

Zur Darstellung des Hörfunk-Marktes der deutschen Schweiz arbeite ich mit einer Psychologischen Karte der Schweiz, welche vom Marktforschungsinstitut DemoSCOPE erarbeitet und vertrieben wird. Ich gehe davon aus, daß gleichartige Darstellungen in Deutschland bekannt sind, so daß ich mich für die Erklärung der Methode kurzfassen kann.

Exkurs: Erklärung der Psychologischen Karte der Schweiz (PKS)

Die PKS-Methode von DemoSCOPE läßt sich in ihren Grundzügen wie folgt umschreiben:

1. In Einzelinterviews werden die Wertvorstellungen eines repräsentativen Ausschnitts der Bevölkerung anhand von 29 polaren Begriffspaaren erhoben.
2. Die abgefragten Begriffspaare werden aufgrund ihres statistischen Zuammenhangs zweidimensional dargestellt. Die beiden Achsen dieser zweidimensionalen „psychologischen Karte" beinhalten die folgenden Grundorientierungen:

- *Ost* (nach innen gerichtet) und *West* (nach außen gerichtet)
- *Süd* (konservativ) und *Nord* (progressiv).

3. Durch die jährliche Wiederholung der Umfragen lassen sich Verschiebungen der Wertvorstellungen ermitteln und auf der Karte darstellen. Diese Trends oder Megatrends (= Trends, die sich seit mehr als zehn Jahren bestätigen) geben Hinweise auf Veränderungen der Einstellung und des Lebensgefühls der Bevölkerung.
4. Mittels Cluster-Analysen (der Computer errechnet Gruppen von ähnlich wertenden Befragten) konnten Bevölkerungsgruppen (Werthaltungs-Typen) gebildet werden, die sich auf der Karte positionieren lassen. Diese Bevölkerungsgruppen gehen quer durch die traditionellen soziodemografischen Gruppen wie Alter, Ortsgröße, Bildung etc.
5. Die Trends der letzten Jahre zeigen, daß progressive Wertvorstellungen langsam auch in die konservativeren Kreise diffundieren, daß sich deren Position auf der Karte also nach Süden verschiebt. In der Vertikalen sind demgegenüber kaum Anteilsverschiebungen in der Bevölkerung festzustellen (der Austausch findet überwiegend in der Horizontalen statt).
6. Aufgrund der statistischen Aufarbeitung der „durchschnittlichen" Werthaltung einzelner Publikumssegmente (in unserem Beispiel der Publika bestimmter Radioprogramme) lassen sich die betreffenden Angebote in der „Psychologischen Karte" orten.

These

Trotz der Veränderung des Radioangebots 1983/89 hat die Umgestaltung der Radiolandschaft eben erst begonnen. Die überwiegende Mehrzahl der „neuen" Programmanbieter orientiert sich bislang an „traditionellen" Programmangeboten. Die Innovation der Programminhalte hat bis heute noch kaum eingesetzt.

Diese These ist nicht neu, sie wurde in anderem Zusammenhang auch an den letztjährigen Münchner Medientagen aufgestellt. Sie läßt sich am Beispiel der Schweiz mit Hilfe der Psychologischen Karte recht gut untermauern. Die Karte zeigt, daß die Programme der lokalen Veranstalter – mit Ausnahme von Radio 24 – sehr nahe beieinander positioniert sind.

Die Veränderungen der politischen und technischen Rahmenbedingungen eröffnen aber gerade neue programmliche Möglichkeiten. Die heutigen Radio-Veranstalter werden deshalb in einer künftigen Medienlandschaft auf neue inhaltliche und formale Herausforderungen gefaßt sein müssen.

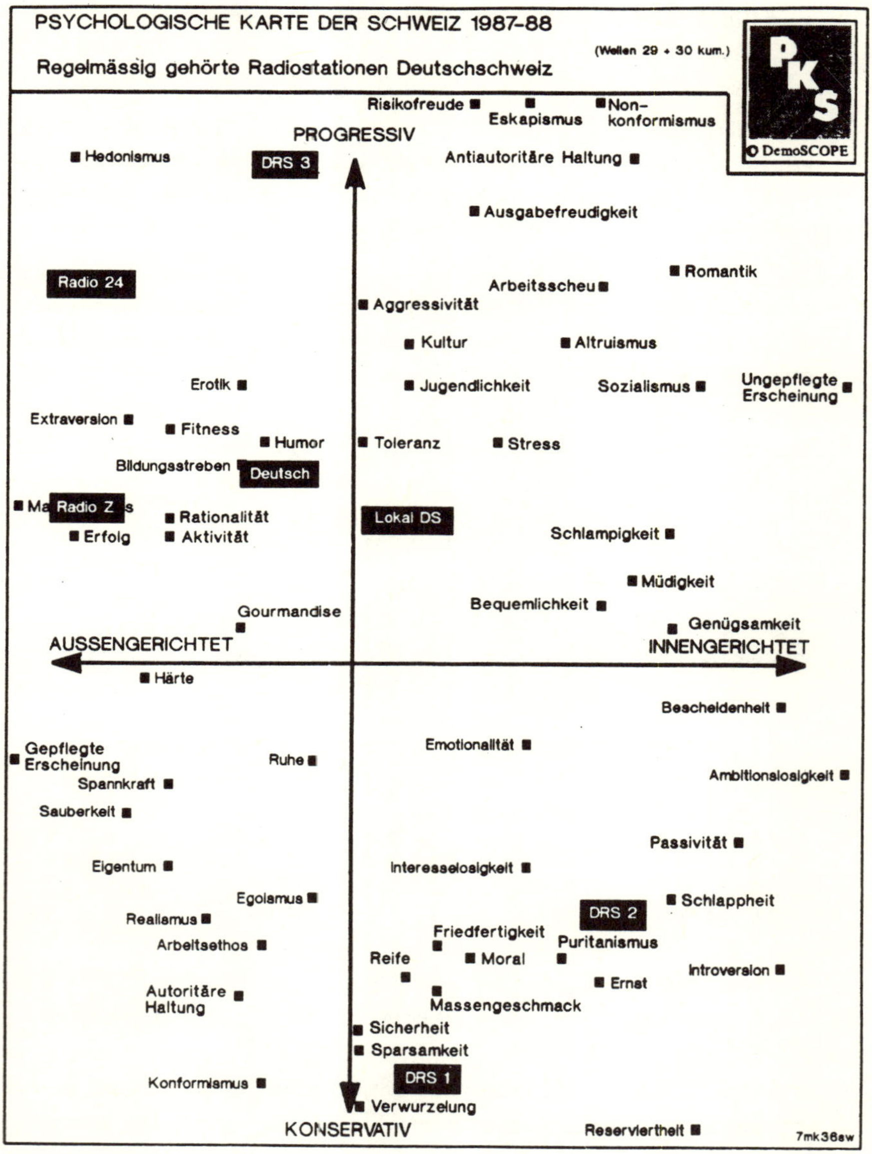

Abbildung 2: Positionierung der Radiostationen (Auswertung 1989)

Die Öffentlich-rechtlichen stehen dabei unter einem besonderen Druck: Sie können ihre Zielgruppe (ihr Publikum) nur bedingt frei aussuchen und sie müssen ihre besondere finanzielle Situation (Gebühren) immer wieder neu rechtfertigen.

Aber auch privates Rundfunkmarketing ist komplex: Der Programmanbieter hat auf der einen Seite das Publikum als Konsumenten und auf der anderen die Werbetreibenden als Finanzierende. Diese beiden „Zielgruppen" verlangen eine sorgfältige Abstimmung und eine transparente Kontrolle (Markt- und Publikumsforschung).

Wenn ich mich der Zukunft zuwende, will ich Ihnen zum Einstieg die neuesten Erkenntnisse der Untersuchungen von DemoSCOPE zeigen, die vor wenigen Wochen publiziert worden sind.

Die Verhaltenseinstellungen der Schweizer Bevölkerung haben sich seit dem Beginn der Untersuchungen immer wieder verändert:

1974 bewirkte die damalige Rezession einen Rutsch in einen konservativen Materialismus. 1977 begann sich die Öffnung zu alternativen Werten (Natur, Umweltschutz, Wirtschaftsfeindlichkeit) abzuzeichnen. 1982 war der Anfang des Trends zur Sinnesfreude, verbunden mit äußerem Erfolg. Diese sogenannte Yuppie-Entwicklung in Richtung Hedonismus und Materialismus hat den Kulminationspunkt 1985 überschritten. Sie weicht einem Trend, in welchem die geistige Auseinandersetzung wieder eine wichtigere Rolle zu spielen beginnt.

Der große „Verlierer" ist die Südwest-Ecke der psychologischen Karte, also der konservativere Teil des „bürgerlichen Lagers". Auch das christlich-konservative Lager im Süden verliert an Bedeutung.

Gewinner sind nicht einzelne Trends, sondern ein ganzer Bereich. In der Nordost-Ecke entsteht ein neues Lager von Schweizern, mit anders gelagerten Wertvorstellungen, die für Unternehmen und Politiker vorerst nur schwer begreifbar sind.

Verschiedene Volksabstimmungen der letzten drei Jahre machen diesen Trend deutlich, am eindrücklichsten wohl die Initiative zur Armeeabschaffung, die einen überraschend hohen Ja-Anteil erhielt.

In der neuesten Computer-Analyse ergab sich eine natürliche Aufteilung in drei Cluster, die von DemoSCOPE mit X, Y und Z bezeichnet werden. Die statistische Distanz vom Cluster Z zu den übrigen beiden ist besonders groß, so daß man von einem eigentlichen Graben sprechen könnte. Im Norden und in der Nord-Ost-Ecke der psychologischen Karte angesiedelt, zeigt er eine neue Generation von Schweizern und Schweizerinnen.

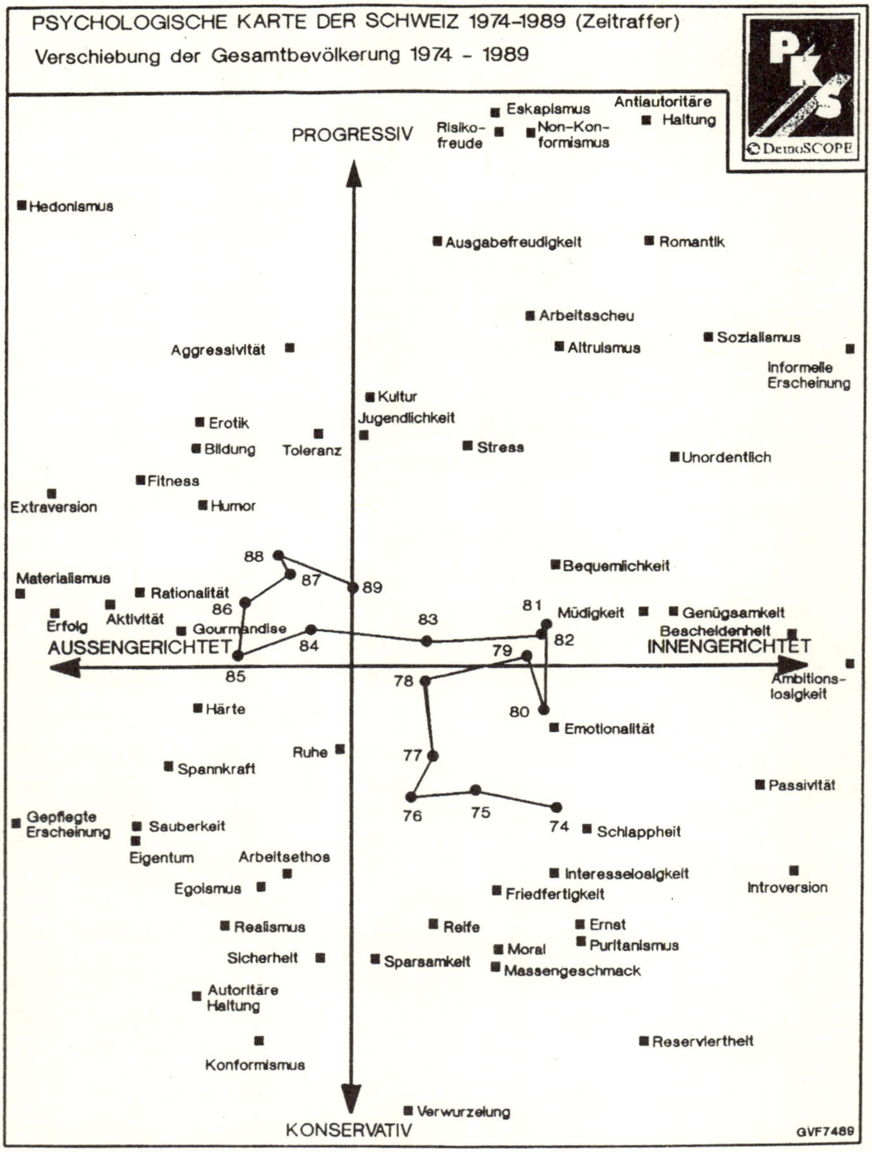

Abbildung 3: Darstellung des langjährigen Trends

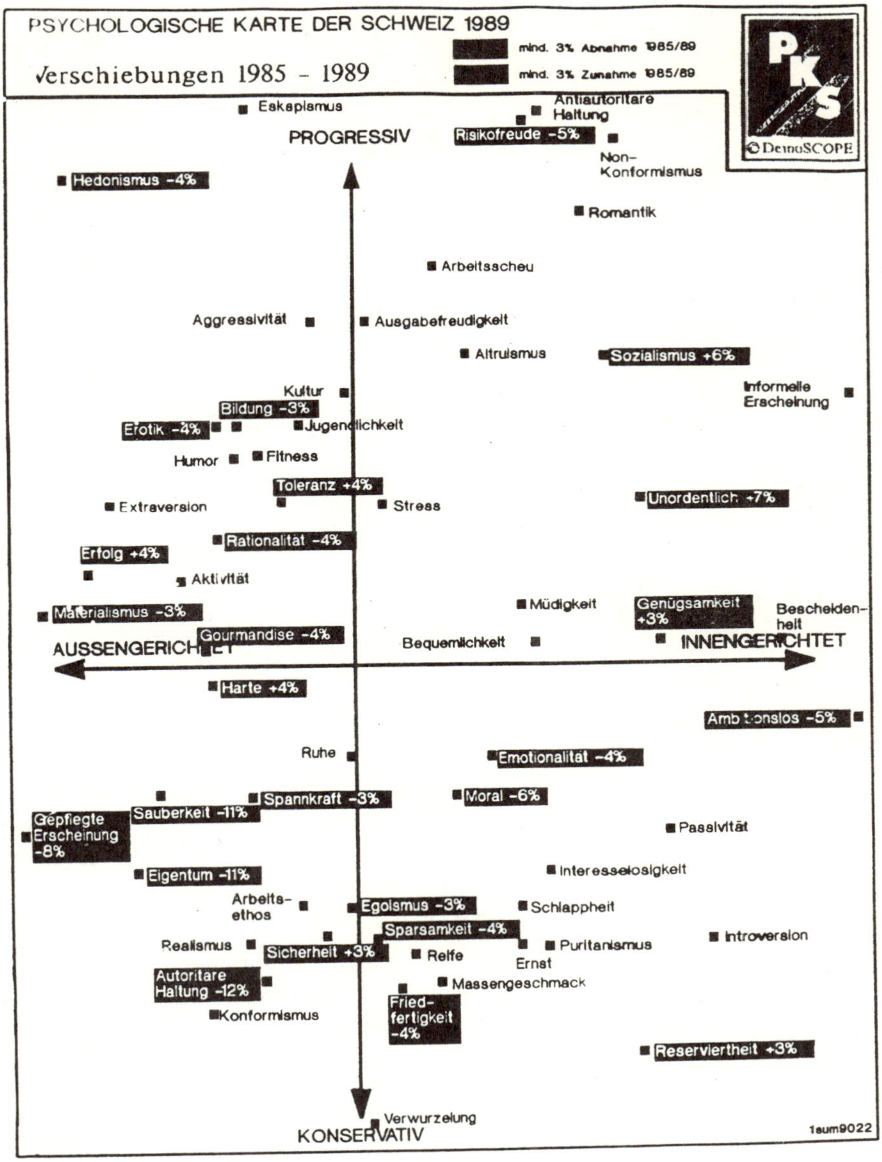

Abbildung 4: Verschiebungen 1985 – 1989

Die drei Cluster der Bevölkerung lassen sich etwa folgendermaßen charakterisieren:

– Das Cluster X: *Die Weltkriegsgeneration*
- ängstlich vor den weltpolitischen Fragen
- schweizerisch-defensiv eingestellt
- sicherheitsbewußt, Besitzverteidigung
- für Ordnung im Staat mit Vertrauen in die Wirtschaft
- mit bewährten politischen und kulturellen Präferenzen
- mit wenig Neuerungswillen im Konsum-Verhalten und in der politischen Meinung.

- Das Cluster Y: *Die Wohlstandsgeneration*
- Yuppie
- „Action"
- Sinnesfreuden
- extravagant
- konsumfreundlich
- jung, beschwingt, flexibel
- für unbegrenztes Wachstum

- Das Cluster Z: *Die Zukunftsgeneration*
- weltoffen, kosmopolitisch, informell
- gegen Institutionen und Parteien, für wechselnde Diskussionsgruppen
- gegen Wirtschafts- und Meinungsmonopole, für Leistung und Kontrolle gleichzeitig
- für Informationsvielfalt
- für vernünftigen Konsum und gegen Konsumauswüchse
- verzichtsbereit zugunsten der gefährdeten Umwelt
- gegen Uniformität und Werbemanipulation
- für Kultur und Meinungsvielfalt
- qualitätsbewußt

Für das nächste Jahrzehnt dürfte die Zukunftsgeneration Z zum interessantesten und wichtigsten Zielpublikum für heutige und künftige Produkt-Anbieter heranwachsen. Für dieses Bevölkerungs-Segment müssen aber neue programmliche Strategien gefunden oder entwickelt werden.

Z-Strategie

Z-Strategie ist das Abenteuer, einen neuen, noch weitgehend unverstandenen Markt zu erschließen mit Mechanismen, die zum Teil erst noch geschaffen werden müssen.

Z-Strategie heißt, mit seinem Produkt aus der Reihe von „Me-too-Produkten" herauszutreten und am permanenten Ideen-Wettstreit teilzunehmen.

Z-Strategie heißt auch, sich mit neuen Produkten und Präsentationsformen der Kritik und unter Umständen auch einmal einem Flop auszusetzen.

Wenn wir auf der psychologischen „Landkarte" die heutigen Programmangebote eintragen, so zeigt sich, daß für die „Zukunftsgeneration" noch keine spezifischen Radioprogramme angeboten werden.

Das einzige Programmangebot, das bereits heute tendenziell in diese Richtung zielt, ist mit DRS-3 ausgerechnet ein Angebot des öffentlich-rechtlichen Radio der deutschen und rätoromanischen Schweiz.

Die Lokalradiostationen wenden sich demgegenüber an die Wohlstandsgeneration oder versuchen, es allen Gruppierungen recht zu machen.

Fünf Schlußfolgerungen für die Zukunft des Hörfunks

1. Inhaltlich und formal ist zukünftig – so hoffe ich – mit einer großen Vielfalt zu rechnen. Grundsätzlich sind alle Spielformen denkbar (aber erst die Zukunft wird zeigen, ob auch genügend Risikobereitschaft vorhanden ist, inhaltlich wirklich innovativ zu handeln):
   - Spartenprogramme mit musikalischer oder inhaltlicher Ausrichtung
   - Vollprogramme mit Ausrichtung auf Alters- oder Lifestyle-Gruppen
   - Programme mit lokalem, landesweitem oder internationalem Bezug.
2. Das heute noch ausgeprägte „Me-too-Verhalten" der privaten Stationen, die doch weitgehend traditionelle Muster übernommen und sie mit einem verstärkten Lokalbezug als neue Errungenschaften verkauft haben, gefährdet den öffentlich-rechtlichen Rundfunk noch keineswegs.
3. Gefährlicher wird es, wenn die privaten Anbieter sich nach neuen Mustern auszurichten beginnen und wenn sie sich nach unterschiedlichen (möglicherweise kleinen, aber kompakten) Zielgruppen zu differenzieren beginnen. Dann wird sich erst zeigen, ob die öffentlich-rechtlichen Anstalten geeignete Gegenstrategien haben, welche Markt- und Auftrags-Aspekte unter einen Hut bringen.

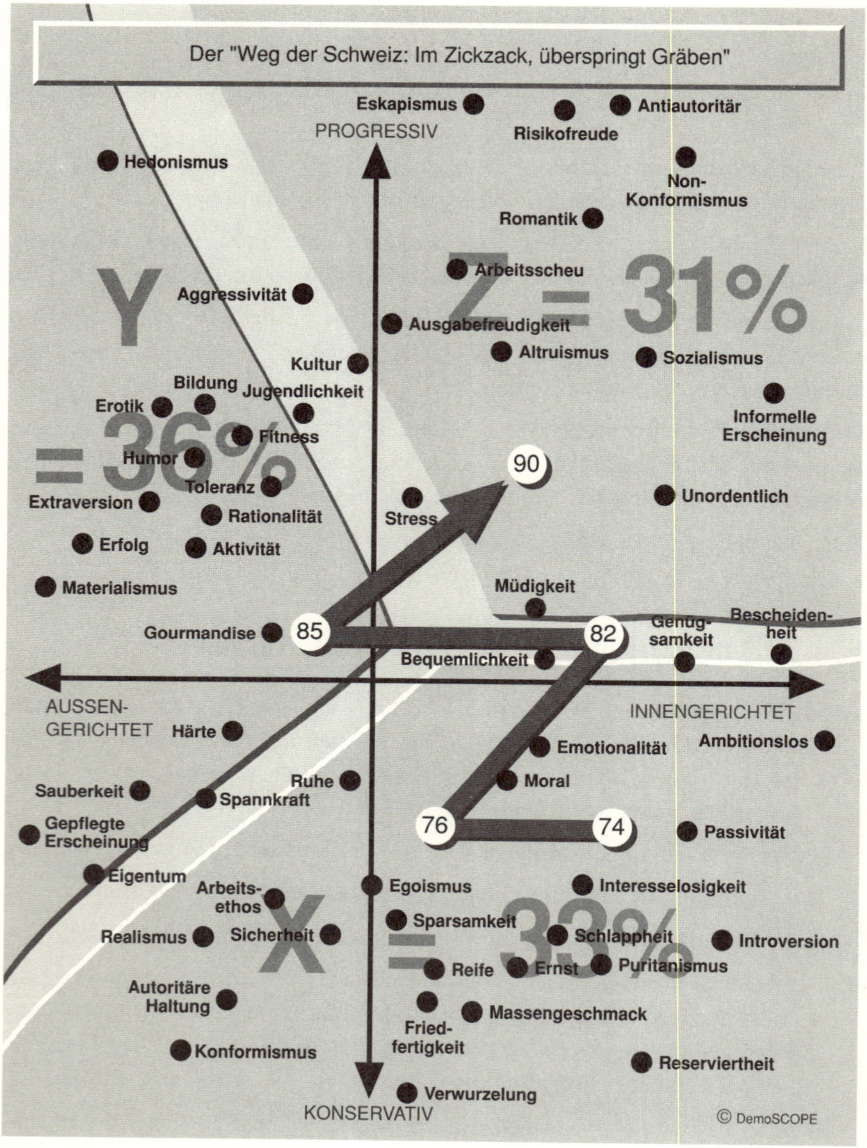

Abbildung 5: Die Psychologische Karte der Schweiz mit den drei Bevölkerungs-Clustern

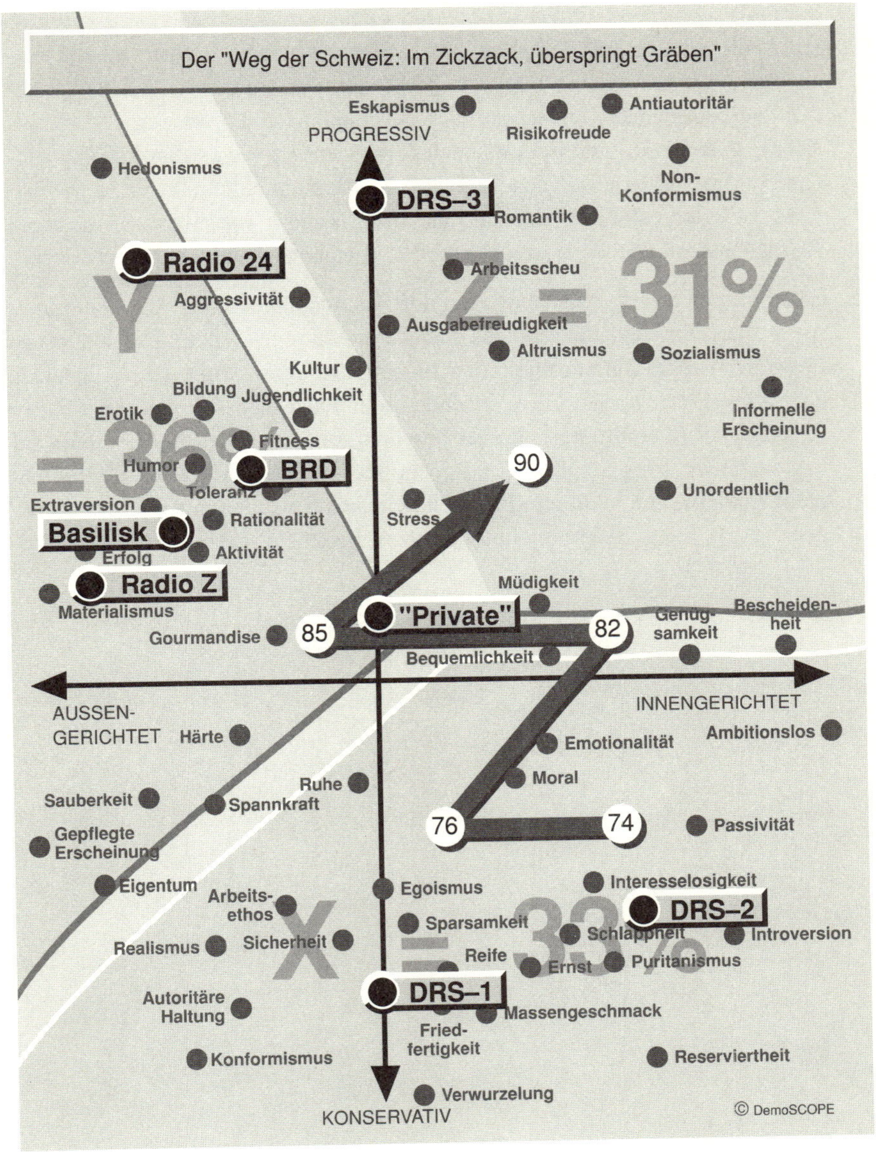

Abbildung 6:
Die wichtigsten Programmangebote und ihre Positionierung

4. Vorläufig kommt den Öffentlich-rechtlichen noch zugute, daß eine solche Differenzierung auch eine Weiterentwicklung der heutigen Hörerforschung voraussetzt. Wer eine kleine, kompakte Zielgruppe von Hörern erreichen und dies den Werbetreibenden beweisen will, der muß neue Formen der Marktforschung entwickeln. Die traditionellen Methoden der klassischen, nach soziodemografischen Kriterien ausgewerteten Medienstudien können diese Bedürfnisse auf jeden Fall nicht genügend abdecken. Zudem werden mit den heutigen Befragungsmethoden die „traditionellen" Angebote quantitativ überbewertet.

5. Eine Differenzierung wird aber auch dort unumgänglich nötig, wo sich immer mehr Programmanbieter um das gleiche Publikum streiten. Die klassische Form der Programminformation ist für jene Sender wichtig, die wechselnde Zielgruppen erreichen wollen. Nachdem der Platz in den Zeitungen für den Abdruck der Radioprogramme aber beschränkt ist, werden andere Formen der begleitenden Programminformation immer wichtiger. Die Öffentlich-rechtlichen werden in diesem Feld deutlich aktiver werden müssen, um gegenüber spezifischen Zielgruppenprogrammen bestehen zu können.

Werner Schwaderlapp

Was ist neu, was wird neu in den Fernsehprogrammen?

1. Die Konturen der Fernsehprogramme im dualen Rundfunksystem bilden sich erst allmählich heraus. Die eigentlichen Veränderungen stehen noch bevor. Die Fernsehnutzung wird sich fünfteln auf vier „große" und weitere „kleine" Anbieter.

1984 startete das private Fernsehen in der Bundesrepublik. Die Auswirkungen auf die Programmangebote waren heftig umstritten. Verflachen, seichter werden, sich kommerzialisieren werde das Fernsehprogramm in der neuen publizistischen Wettbewerbssituation, fürchteten die Kritiker. Eine neue Vielfalt von Angeboten, neuartige Programme erwarteten die Befürworter.

Die Frage nach der dominierenden Entwicklungsrichtung der Fernsehprogrammangebote ist noch nicht so eindeutig entschieden, wie sie damals gestellt wurde. Noch befinden wir uns mitten in der Umwälzungsphase. Die einschneidenden Veränderungen im Programm stehen noch bevor – vor allem aus einem Grund: erst im Verlaufe des Jahres 1989 erzielten private Programme nennenswerte, wettbewerbsrelevante Reichweiten; erst 1990 kommen die beiden großen Privatprogramme SAT 1 und RTL plus in die Gewinnzone, und wenn noch die Anfangsverluste kompensiert sind, kommen sie dem Zeitpunkt näher, zu dem sie nicht nur wie derzeit vor allem in strategisch ausgewählte Einzelsendungen, sondern in das gesamte Programm nennenswert investieren können.

Erst dann aber wird der Wettbewerb zwischen öffentlich-rechtlichen und privaten Programmen zu einem echten Wettbewerb zwischen den ganzen Programmen. Derzeit konkurrieren ARD, ZDF, SAT 1 und RTL plus vor allem um unterhaltende Einzelangebote wie massenattraktive Sportereignisse, bestimmte Kauf-Serien und Spielfilme und einige prominente Fernsehmacher.

Der Neuigkeitswert eines Sportrechte-Coups reicht auf Dauer nicht aus, um Profil zu gewinnen. Erst wenn der Wettbewerb von der Unterhaltung über die Nachrichten bis hin zu Informationssendungen wie zum Beispiel Ratgeberprogrammen ausgetragen wird, beginnt die volle publizistische Konkurrenz. Wir dürften, die nahende Gewinnzone indiziert es, kurz davorstehen.

Schon jetzt zeigt sich: die neue Vielfalt wird eine nach „Großen“ und „Kleinen“ Anbietern abgestufte sein. ARD-Gemeinschaftsprogramm, ZDF, SAT 1 und RTL plus werden die „Großen“. Auf sie werden rund vier Fünftel der Fernsehnutzung entfallen. Das restliche Fünftel wird auf „Sonstige“ entfallen, III. Programme, Kulturprogramme, kleinere private Anbieter sowie Spartenkanäle und ausländische Angebote. Auf diese Fünftelung deuten gegenwärtig die Nutzungszahlen aus den Kabel- und Satellitenhaushalten hin.

2. Die schon jetzt erkennbaren Veränderungen betreffen Menge und Mischung des Fernseh-Gesamtangebotes sowie einzelne Sendungen.

2.1 Die Zahl der empfangbaren Programme pro Haushalt ist deutlich gestiegen. Für die Programmplanung wird auch deswegen die Akzeptanzfrage wichtiger.

Konnte 1982 im Bundesdurchschnitt ein Haushalt 3,6 Programme empfangen, so waren es Ende 1989 8,4 Programme, in verkabelten Haushalten 15,5. Mit der guten Verdoppelung des gesamten Fernsehangebots ist einhergegangen, daß ARD und ZDF ihr Definitionsmonopol dafür, was Fernsehen ist, verloren haben. Aber das gilt nicht nur für ARD und ZDF, sondern auch für die gesellschaftlichen und politischen Kräfte, die in den Aufsichtsgremien an der Definition der Aufgaben des Fernsehens mitgewirkt haben.

1982 waren in den Haushalten neben ARD und ZDF im wesentlichen ein bis zwei Dritte Programme zu empfangen. Eine zwischen ARD und ZDF koordinierte Programmstrukturplanung konnte Zuschauerströme lenken. Extremstes Beispiel war, daß ARD und ZDF zur selben Zeit Informationssendungen zu unterschiedlichen Themengebieten ausstrahlten. Die „Schutzzone“ sollte den Informationssendungen Zuschauer zuführen.

Jetzt ist das nicht mehr möglich. Jede Informationssendung sieht sich der Konkurrenz mehrerer unterhaltender Angebote gegenüber. Und dies in einer Situation, in der die Zuschauer mit der Fernbedienung ein Instrument in Händen haben, das ihnen nicht nur den einen oder anderen Gang ans Gerät erspart, sondern auch den blitzschnellen Programmwechsel gestattet. Und obendrein in einer Situation, in der sich private, von gesellschaftlichen Kontrollgremien unabhängige Programmanbieter blitzschnell auf neue Programmkonstellationen einstellen können. Unter diesen Vorzeichen muß Programmplanung von ARD und ZDF stärker als früher Akzeptanzaspekte berücksichtigen. Dies gilt für Progammstrukturen ebenso wie für Inhalt und Dramaturgie von Sendungen.

2.2 Fernsehprogramme sind zu Ganztagsprogrammen geworden. Wiederholungen gewinnen zur Deckung des Programmbedarfs an Bedeutung.

1980 begannen ARD und ZDF werktäglich um 16 Uhr herum ein acht- bis neunstündiges Programm. Nur am Wochenende war es umfangreicher. Trotz Einführung des gemeinsamen Vormittagsprogramms von ARD und ZDF 1981, das als informationsorientiertes Wiederholungsangebot für Schichtarbeiter und DDR-Bürger gedacht war, änderte sich daran bis Ende der achtziger Jahre nichts Wesentliches.

Die privaten Sender SAT 1 und RTL plus läuteten aber Herbst 1987 mit dem Start ihrer Frühstücksfernsehangebote die Entwicklung zum Ganztagsfernsehen ein, die sie 1988/89 mit der Schließung der Lücke zwischen Frühstücks- und Nachmittagsfernsehen vollendeten.

Fernseh-Zeit geriet damit in den neuen Zusammenhang der Zuschauer- beziehungsweise Marktanteilsmaximierung. Kam es ARD und ZDF bis dato vor allem auf die tageszeitgemäße Ausgestaltung des Programms unter gleichzeitiger kulturell motivierter Beschränkung auf sehintensive Zeiten an, so soll Ganztagsfernsehen auch über den Tag die Marktposition des Anbieters festigen. Immer präsent sein, lautet die Devise – offenbar in der Annahme: wer immer greifbar ist, wird eher zur ersten Wahl.

ARD und ZDF konnten an dieser Entwicklung nicht vorbeigehen und bieten seit Herbst 1989 ebenfalls Ganztagsfernsehen ab 9 Uhr an. Ganztägigkeit ist zum essentiellen Definitionskriterium eines Vollprogramms geworden. Ganztagsfernsehen erhöht den Programmbedarf enorm. In der Folge prägen aus zwei Gründen Wiederholungen stärker als bislang das Bild. Vom dosierten, sachlich begründeten Einzelfall auf verschiedenen Sendeplätzen, sind sie Stützpfeiler beträchtlicher Zeitzonen im Programmschema geworden, v. a. zu den weniger sehintensiven Zeiten am Vor- und Nachmittag. Außerdem verkürzt sich die Zeit zwischen den Ausstrahlungen der jeweiligen Produktion. Vornehmlich Kaufprogramme nutzen sich dadurch noch schneller ab.

Die Kehrseite dieser Medaille ist: frische, neue Programme gewinnen enorm an Programm-Wert.

2.3 Für spezielle Geschmacks- und Interessenrichtungen sind eigene Programme entstanden. Dies wird auf die inhaltliche Definition von „Vollprogramm" zurückwirken.

Im Zuge der Angebotserweiterung sind Kultur-, Sport- und (Rock)Musikkanäle entstanden. Pay-TV als eine Art Filmkanal mit Abonnement-Zugang folgt zur

Zeit. Ein europäischer Nachrichtenkanal wird diskutiert. Das Fernsehprogrammangebot beginnt sich auf spezielle Interessen einzustellen. Es spiegelt damit die höhere gesellschaftliche Differenzierung von Lebensstilen und Lebensweisen in neuer Form wider. Die Frage nach dem Verhältnis der Spezial- zu den Vollprogrammen wird sich mehr und mehr stellen. Spätestens wenn die Spartenkanäle für einen Großteil der Fernsehhaushalte prinzipiell erreichbar sind, wird zu entscheiden sein, ob Spezialinteressen in einem nationalen Hauptprogramm so zu berücksichtigen sind wie bisher. Diese Frage muß auch deshalb gestellt werden, weil sich immer deutlicher der Zielkonflikt zwischen Sendungen für Mini-Minderheiten und anderen beispielsweise kulturellen Sendungen mit einer etwas breiteren Minderheitenansprache stellt.

2.4 Die herausragende Programm-Innovation der privaten Anbieter sind Game-Shows mit außergewöhnlichen Gewinnmöglichkeiten, die die Grenze von Programm und Werbung verwischen.

Mit „Glücksrad“ und „Der Preis ist Heiß“ haben SAT 1 und RTL plus Gewinnspiele ins deutsche Fernsehen eingeführt, die redaktionelle Einfälle durch große Gewinnchancen ersetzen und Werbung zum integralen Bestandteil der Sendung machen. Diese durchaus beliebten Angebote bleiben bislang die einzige Programm*form*, die von privaten Anbietern neu ins bundesdeutsche Fernsehen eingebracht wurde.

Alle ihre anderen Eigenproduktionen führen Traditionen öffentlich-rechtlicher Programmarbeit weiter. Das vielbesprochene „Spiegel-TV“ unter Leitung des „Panorama“-erfahrenen Stefan Aust steht ganz offensichtlich nicht nur personell in der Tradition der politischen Magazine, ähnliches gilt für „Explosiv“. Jugend-, Kino- und Kindersendungen variieren ebenfalls bekannte öffentlich-rechtliche Gestaltungsmuster. Das Gleiche fällt bei Unterhaltungssendungen von Volksmusik bis zur Quiz- und Spielshow auf.

Unterschiede zeigen sich lediglich in inhaltlichen Nuancen. Nicht erst die für die Erotik-Programme von RTL plus stehende Sendung „Tutti frutti“, schon „Alles nichts oder“ und „Dall As“ vom gleichen Anbieter führen schlüpfrige, schrille, auch derbe Töne ins deutsche Fernsehen ein, die Nutzer bislang nur im Zeitschriftenangebot fanden.

2.5 Sportübertragungen werden zum Mittel der Reichweitenmaximierung.

Sportübertragungen wurden vom öffentlich-rechtlichen Fernsehen traditionell nach journalistischen Kriterien ins Programm gebracht. Spitzenereignisse von außergewöhnlicher Bedeutung bildeten dabei zwar den Kern, erlaubten nach Kosten und Sendezeit jedoch auch eine angemessene, eben journalistisch orientierte Berücksichtigung weniger massenattraktiver Sportarten.

Die guten Einschaltungen der telegenen Sportinszenierungen und deren Eignung als Werbeträger ließen, angestoßen durch private Anbieter, Sportübertragungen in den letzten zwei Jahren unter Spekulation auf Reichweitengewinne enorm an Programmplatz gewinnen. Großflächige Übertragungen selbst einfacher Bundesligaspiele oder – nach überkommenen Maßstäben unbedeutender – Tennisturniere werden so zu Programmereignissen (stilisiert). Auch wenn sich erste Abnutzungserscheinungen bei den Zuschauern zeigen, sprechen ausländische Erfahrungen für eine Stabilität dieses Trends.

Er hat auch eine wirtschaftliche Seite. Als – nunmehr – Teil der Unterhaltungsindustrie sind Sportrechte teurer geworden, zum Teil mehrere hundert Prozent gegenüber früher. Um Sendeminutenkosten nicht in exorbitante Höhen steigen zu lassen, bedarf es häufiger und großflächiger Übertragungen. Programmentscheidungen geraten unter stärkere ökonomische Zwänge.

2.6 Programmereignisse werden gemacht; Inhalt und Qualität sind dafür oft weniger wichtig als die nachdrückliche Ankündigung einer Sendung. Mitwirkende Stars werden für die Promotion gebraucht.

In den 60er Jahren war das Fernsehen neu. Sein Programm war als solches ein Ereignis. In den 70er Jahren wurden Gewöhnungsprozesse deutlich, zu Programmereignissen wurden Produktionen mit besonderen thematischen oder gestalterischen Qualitäten; erinnert sei an Fernsehspiele von ARD und ZDF wie „Millionenspiel“ und „Smog“, „Tadellöser & Wolff“ und andere Literaturverfilmungen.

Die Vermehrung der Programme hat zur Folge, daß einzelne Sendungen schwerer auszuspähen sind. Eine Vielzahl von Spalten muß ein Kabel-Zuschauer in einer Programmzeitschrift durcharbeiten, um sich einen Überblick allein über das Tagesangebot zu verschaffen. Um auf einzelne Sendungen oder Schwerpunkte aufmerksam zu machen, wird lautstarke Ankündigungsarbeit unerläßlich. Allgemeinen Trends folgend werden Programmereignisse wie kulturelle (Ausstellungen, Festivals etc.) inszeniert. „Mega-Hits“, „das Sport-Ereignis“, „besonders frische und freche Information“ – Superlative oder die Stilisierung als Fernseh-Fest gehören zu den neuen Standards der Programm-PR. Sie gewinnt Zeit in den Programmen und Platz in den Printmedien. Besonders im Vorteil sind mehr und mehr die Fernsehprogramme, die starke Printmedien im Rücken haben – prototypisch: die

Ankündigung vom „Stern-TV“ in der Stern-Fernsehbeilage, wichtiger noch: die Verlagerung der Zuständigkeit für Programm- und Medienpolitik von der Redaktion zur Verlagsleitung einiger fernsehbegleitender Druckerzeugnisse.

Diese Entwicklung erweist sich insofern als problematisch, als die Lautstärke der Ankündigung die Qualität des Anzukündigenden häufig übertrifft. Für gutes Fernsehen dagegen müssen gute Programme die Basis einer guten PR sein.

Leicht anzukündigen, weil wegen ihrer Popularität für sich selbst stehend sind bekannte und beliebte TV-Gesichter. Sie hat es immer im deutschen Fernsehen gegeben. Sowohl die relativ stabil prognostizierbaren Einschaltungen für die Sendungen der Stars auch unter den neuen Wettbewerbsbedingungen als auch die hohen Beträge, mit denen die ersten vom öffentlich-rechtlichen Fernsehen abgeworben wurden, deuten aber darauf hin, daß die Bedeutung der Stars in der Programm-Konkurrenz noch zunehmen wird. Personalisierung wird zum wichtigeren, aber angesichts der kleinen Gruppe von überhaupt Star-verdächtigen Entertainern auch schwierigeren Element der Programmpolitik.

2.7 Fernsehprogramme wachsen in den Verbund mit anderen Medien hinein.

Vornehmlich (Print-)Medienkonzerne engagieren sich im Privatfernsehen. Sie nutzen Querverweise in den verschiedenen Medien, um die Aufmerksamkeit für die eigenen Produkte zu erhöhen. Nicht nur Programmereignisse des „eigenen“ Senders werden herausgestellt. Ganze Sendungen werden zu Image-Trägern großer Zeitschriften (zum Beispiel „Spiegel“-TV, „Stern“-TV, demnächst „Bunte“-TV).

Filme und Serien wie jüngst „Batman“ bei SAT 1 werden zum Teil groß angelegter Kampagnen zur Vermarktung populärer Medienhelden in Kino, Kaufhäusern etc. Fernsehen wird hier zum Teil eines Systems auf sich selbst verweisender Medien- und Warenprodukte. Daß es außer dieser Rendite-orientierten Erzeugung von Medienwirklichkeit noch Sehenswertes gibt, das der Lebenswirklichkeit der Zuschauer näher steht, können und werden die öffentlich-rechtlichen Programme zeigen und herausstellen.

3. Entspannende Unterhaltung und schnelle Basisinformation werden zu den dominierenden Programmerwartungen der Zuschauer.

Nachhaltiger als das Programm hat sich in der neuen Wettbewerbssituation bislang das Zuschauerverhalten verändert. Beim alleinigen öffentlich-rechtlichen Angebot haben viele Zuschauer auch Informationssendungen „mitgenommen“, die sie nicht regelmäßig gezielt eingeschaltet haben. Aus ZDF-Untersuchungen ist zum Beispiel bekannt, daß das in einer Schutzzone plazierte Kulturmagazin „aspekte" nicht unerheblich von „Laufkundschaft" gesehen wurde. Im IV. Quartal 1982 zum Beispiel hatten über 12 Millionen Zuschauer eine der zwölf „aspekte"-Sendungen gesehen, aber nur 500.000 sechs und mehr – ein durchaus nicht zu verachtendes Ergebnis der begrenzten Angebotssituation. Zu diesem Zeitpunkt hatte „aspekte" noch ein durchschnittliches Einschaltniveau von rund 9 Prozent der Fernsehhaushalte, was rund 3 Millionen Zuschauern entspricht.

Für 1989 lauten die Zahlen knapp 6 Prozent, entspricht gut 1,8 Millionen Zuschauern. Dieser Hinweis auf „aspekte" steht hier pars pro toto. Alle Sendungen für speziellere Interessen haben es zunehmend schwerer. Unterhaltung und Nachrichten als Basisinformationsangebote bleiben dagegen weitgehend einschaltstabil.

Fernsehen wird primär zum dauernd verfügbaren Befriedigungsmittel der Bedürfnisse nach schneller Information und leichter Unterhaltung, die Entlastung von der Alltagsroutine verspricht. Die Verästelungen neben dem „main stream" werden weniger wahr- und mitgenommen. Der damit einhergehenden Akzentverschiebung in der Funktion des Fernsehens für die Zuschauer müssen sich alle Sender stellen. Private Anbieter haben damit vergleichsweise weniger Probleme als öffentlich-rechtliche. Sie müssen nur mehrheitsfähige Bedürfnisse bedienen. Öffentlich-rechtliche dagegen müssen zur Wahrnahme ihres besonderen kulturellen und Programmauftrags Mehrheiten und Minderheiten ansprechen, auch das Besondere und Abwegige bieten und die Pluralitätsverpflichtung beachten. Sie müssen das Kunststück fertigbringen, den Zwang zur Reichweite mit der Verpflichtung zum Besonderen zu vereinen.

4. Private Programme werden ihr Profil des kommerziellen Vollprogramms bis Mitte der 90er Jahre finden. Entscheidend hierfür wird neben der Weiterentwicklung bestehender Programme die Profilierung eines anerkannten Nachrichtenangebots sein.

Bereits gegenwärtig sind die großen Privatprogramme vielgestaltiger als weithin angenommen. Neben der zumeist billigen Kaufprogramm-Basis enthalten sie Kindersendungen, Ratgeber, Dokumentationsreihen, Wirtschafts- und Börsenprogramme, Unterhaltungsshows, Musik-, Kino- und Videoprogramme, Informationsmagazine, einzelne eigenproduzierte Serien, kirchliche Kurzbeiträge etc. Da für die meisten dieser Programme aber noch zu wenig Mittel verfügbar sind, fallen sie kaum auf. Nicht zufällig stechen einzelne teure Angebote wie Sport, „Spiegel-TV", „Stern-TV" hervor, deren Kosten den vergleichbaren öffentlich-rechtlichen Sendungen zumindest nicht nachstehen.

Aus der Gewinnsituation heraus aber werden sich private Programme zunehmend in der Breite entwickeln. Zwar werden Kaufprogramme als Billigprogramm-Basis weiterhin rund die Hälfte des Angebots ausmachen (gegenüber einem Viertel bei den öffentlich-rechtlichen Anbietern), aber die Eigenproduktionen werden mehr Gesicht und damit Gewicht bekommen. Sie werden sich allerdings weitgehend darauf beschränken, die Bedürfnisse nach Unterhaltung und schneller Information zu bedienen.

Zentral für die weitere Entwicklung privaten Programm-Images wird der Ausbau der Basis-Informationsprogramme sein. Nur so kann den Zuschauern das Gefühl gegeben werden, daß es lohnt, einen ganzen Abend beim privaten Programm zu bleiben, weil ihm anscheinend nichts fehlt. Entscheidend hierfür wird der Aufbau eines markanten Nachrichtenangebots sein. Zu erwarten ist dabei ein stark auf Personen abstellendes Konzept, denn alle dramaturgischen Strickmuster von Nachrichtensendungen haben öffentlich-rechtliche Sendungen schon vorexerziert. Da schnoddrige Sprache und die zum Teil schon wieder zurückgenommene Boulevardisierung auf Dauer allein kein tragfähiges Konzept abgeben, gewinnen bekannte und glaubwürdige Präsentatoren für private Anbieter eine strategische Bedeutung.

5. Öffentlich-rechtliche Programme müssen mit einem vielfältigen Angebot, dessen Profil von Eigenproduktionen bestimmt wird, zum eigenständigen Teil der Popularkultur werden. Dies erfordert überschaubare Programmstrukturen und Konzentration auf die dem Charakter des Fernsehens als Massenmedium adäquaten Grundelemente der Programmvielfalt.

Öffentlich-rechtliche Programme werden sich auch weiterhin von privaten durch den höheren Anteil an Eigenleistungen sowie größere inhaltliche und formale Differenzierung unterscheiden, allerdings in rezipientenorientiert weiterentwickelter Form.

5.1 Programmschemata werden durch einprägsame Beginnzeiten sowie durch homogener bestückte Sendeplätze überschaubarer und erleichtern so den Zuschauern die Orientierung.

Um dem, der 16 oder mehr Programme zur Auswahl hat, den Überblick zu erleichtern, werden Programmstrukturen zukünftig vorrangig nach dem Prinzip der Überschaubarkeit geplant werden. Strukturelles Grundelement sind möglichst viele täglich einheitliche Programmleisten nach dem Vorbild der Nachrichten. Möglichst gerade, alltäglichem Zeitgefühl entsprechende Beginnzeiten, erhöhen ihre Einprägsamkeit. Aber auch allein Kontinuität über die Woche hinweg erleichtert es, ungerade Beginnzeiten wie beim „heute-journal“ um 21.45 Uhr zu behalten. Die Zuschauer sollen bei der Ausbildung eines programmspezifischen Zeitgefühls unterstützt werden. Etwa wie derzeit in der Weise: zwischen kurz vor 6 und 7 erwartet mich jeden Abend beim ZDF eine unterhaltende Serie.

Die Ausbildung eines solchen Zeitgefühls wird gegenwärtig auch dadurch erschwert, daß einige Sendeplätze bei ZDF und ARD mit den unterschiedlichsten Programmen belegt sind. Wer am Freitag um 21.15 Uhr regelmäßig ins ZDF schaut, findet dort über die Wochen hinweg „Vorsicht Falle“, Tierdokumentationen, Unterhaltung. Einprägsamer ist dagegen schon der Sonntag um 19.30 Uhr. Dort gelingt es, Berichte über Abenteuer, Menschen und Länder nahezu wöchentlich zu bringen und damit eine feste Erwartung bei den Zuschauern aufzubauen.

Die ultima ratio homogener Sendeplatzgestaltung besteht nicht, wie zuweilen befürchtet wird, im Abbau von Programmvielfalt. Die „Reportage“ am Dienstag im ZDF hat gezeigt, daß sich klare einheitliche Sendeplatzgestaltung mit der Vielfalt von Themen und Autoren durchaus verträgt.

5.2 Öffentlich-rechtliche Informationsleistungen: aktuelle, umfassende und zuverlässige Orientierungs- sowie analytische Hintergrundinformation.

Das umfangreiche, nach Themen fein differenzierte Informationsangebot gehört zu den traditionellen Stärken öffentlich-rechtlichen Programms. In der neuen Wettbewerbssituation muß es weiterentwickelt werden; denn die schnelle Orientierung und der vom Zuschauer unmittelbar erfahrbare Nutzen einer Information gewinnen an Bedeutung; demgegenüber treffen Spezialinformationen und Elemente des traditionellen Bildungskanons zunehmend auf Akzeptanzprobleme.

Wie bereits seit einiger Zeit erkennbar, wird zunächst die schnelle, gründliche Überblicksinformation zu aktuellen Themen weiterhin besonders betont werden. Sie geht über erste Nachrichtenüberblicke hinaus, nutzt alle Personal- und Programm-Ressourcen und schafft dadurch Nähe zum Geschehen. Beispiel hierfür ist die deutschlandpolitische Berichterstattung seit Ende 1989.

Neben dem Bedürfnis nach aktueller Orientierung wächst unter unseren komplexen Lebensverhältnissen der Bedarf an kontinuierlicher (Hintergrund-)Information über latent aktuelle Fragen, vor allem die sogenannten globalen Probleme der Menschheit. In mutiger Weise Zusammenhänge zwischen Natur, Gesellschaft und Politik in interdisziplinärer Perspektive aufzuzeigen, ist gefordert. Gründlich recherchierte und bildstark gestaltete Beiträge, die Kritik nicht aussparen, müssen häufiger werden und das öffentlich-rechtliche Informationsangebot auch über die Nachrichten hinaus in Magazinen und Reportage-Reihen weiterhin zur unverzichtbaren Ergänzung der Tageszeitung als Informationsquelle werden lassen.

5.3 Kulturinformation und Kulturvermittlung müssen rezipientenorientiert weiterentwickelt werden.

Kontinuierliche Kulturinformationen und regelmäßige Darbietung kultureller Leistungen der klassischen Künste gehören zu bewährten Programmelementen des öffentlich-rechtlichen Fernsehens. In der neuen Wettbewerbssituation geraten sie in die bereits beispielhaft geschilderten, auch bei Opern-, Theater- und Konzertübertragungen deutlich werdenden Akzeptanzprobleme. Der Minderheitencharakter dieser Angebote wird offensichtlicher als bislang. Sie können und sollen vom öffentlich-rechtlichen Fernsehen nicht aufgegeben werden. Allerdings stellen dauerhafte Minimal-Einschaltungen die Legitimation dieser Angebote im Massenmedium in Frage. Im Fernsehen rechtfertigen sich auch die besonderen Angebote nicht allein durch ihre Besonderheit, sondern auch dadurch, daß diese dem Publikum vermittelbar ist.

Die Vermittlung kultureller Einzelleistungen wird im Programm zukünftig stärker in Form wahrnehmbarer Schwerpunkte geschehen als bislang. Konzentrierte Ausstrahlung mehrerer Sendungen auf langfristig geplanten Terminen machen Opern, Konzerte, Schauspiele etc. öffentlichkeitswirksamer ankündbar und damit leichter wahrnehmbar.

Kulturinformation wird in die Nachrichtengebung des Fernsehens integral einfließen und einen Teil der Magazin-Information ersetzen. Bei Dokumentationen und Reportagen werden Reihen und Schwerpunkte auffällige Marksteine setzen wie zum Beispiel derzeit „Terra X“, „Wunderbarer Planet“ etc.

Inhaltlich wird es eine Bewegung weg vom feuilletonistischen Spezial-Interesse hin zu Themen der Alltagskultur geben müssen. Zugleich sind Naturwissenschaft und Technik stärker als bislang zu thematisieren.

5.4 Die Fernsehspielarbeit bleibt als produktive Kulturleistung des öffentlich-rechtlichen Fernsehens unverzichtbar.

Mit der Tradition ihrer Fernsehspielarbeit werden die öffentlich-rechtlichen Programme ein Element in ihre zukünftigen Programmprofile einbringen, das nicht nur eine genuine Kulturleistung darstellt, sondern auch die Unverwechselbarkeit ihres Angebots an Fiction-Sendungen ausmacht. Während die gekauften Filme und Serien weitgehend austauschbar sind und einen auf internationalem Mittelwert eingepegelten Versorgungszustand des Fernsehens ausmachen, bilden Fernsehspiele und entsprechend gemachte Serien Unverwechselbares im Programm, das die erfahrbare Lebenswelt der Zuschauer thematisiert.

Fernsehspiele bilden das Leben der Zuschauer nicht einfach ab, sie setzen sich damit auseinander; ihre Personen sind identifizierbare Charaktere. Fernsehspiele ermöglichen die Vergegenwärtigung von Geschichte, die kritische Würdigung von Gegenwart und den bewußten Ausblick in die Zukunft. Sie tragen formal und stilistisch spezifische Handschriften von Autoren, ohne unzugänglich zu sein. Ihre spezifische Unterhaltungsqualität liegt gerade darin, daß sie mehr leisten, als nur stereotype Erwartungen und emotionale Grundbedürfnisse nach weiter Ferne, Harmonie, Glück etc. häppchenweise anklingen zu lassen. Sie regen auf – hoffentlich – vergnügliche Weise zur Auseinandersetzung an.

Als Einzelstücke haben es auch Fernsehspiele schwerer, in der neuen Angebotssituation ihr Publikum zu finden. Konsequente Autorenarbeit, zupackende Sujet- und Stilentwicklung werden dem Fernsehspiel aber auch zukünftig seinen Platz sichern. Damit leistet das öffentlich-rechtliche Fernsehen zugleich einen Beitrag zur audiovisuellen Kultur unseres Landes.

5.5 Dem Entspannungsbedürfnis der Zuschauer werden die Programme selbstverständlich Rechnung tragen.

Auch im öffentlich-rechtlichen Fernsehprogramm wird die Unterhaltung zur reinen Entspannung ein umfangreicher Teil des Programms bleiben. Wichtiger werden dabei schnelle Spiel- oder Quizshows und die Wortunterhaltung in Serie oder Einzelprogramm. Der große bunte Abend, die große Abendshow werden an Bedeutung verlieren und auf absehbare Zeit nur noch den Samstagabend prägen.

Das öffentlich-rechtliche Fernsehen wird seine Anstrengungen mit eigenproduzierten Unterhaltungsserien und -shows auch zukünftig beibehalten und dabei immer wieder neue Angebote entwickeln.

5.6 Ein Vollprogramm kann kontinuierliche Zielgruppenangebote nur in engen Grenzen anbieten; dabei hat ein tägliches Kinderprogramm erste Priorität.

Kinder geraten heute bereits vielfach in die Gefahr frühzeitiger Vereinnahmung unter festgefügte Interessen. In den Medien besteht diese insbesondere darin, sie nur einseitig als Adressaten von Werbe- und Unterhaltungsbotschaften anzusehen. Das wird den so verfahrenden Anbietern von den Kindern leicht gemacht.

Das öffentlich-rechtliche Fernsehen muß aber darüber hinaus Kinder als Heranwachsende ernstnehmen und für ihren Verständnishorizont einen Beitrag dazu leisten, daß Kinder sich Welt aneignen und ihr Selbstverständnis ausbilden.

Diesem umfassenden Ziel entspricht ein umfassendes Programmangebot, das Unterhaltungssendungen ebenso wie Informationssendungen enthält. Informationen werden auf kindgerechte Weise vermittelt, ebenso Geschichten erzählt. Verantwortliches Kinderprogramm ist ein Vollprogramm im Kleinen. Ein tägliches Angebot unterstreicht die Bedeutung dieses Programmanliegens. Die begrenzte tägliche Menge entspricht dem Ansatz, Kindern Anstöße zu geben für ihr eigenes Leben, in dem Fernsehen keinen zentralen, sondern einen angemessen begrenzten Platz einnimmt.

6. In der Popularisierung der Programme liegen nicht allein Verluste, sondern auch Chancen. Chancen vor allem, für alte und neue Themen neue Zugänge zum Publikum zu finden. Diese Chance vielfältig publizistisch aufzugreifen, darin liegt die eigentliche Programm-Herausforderung der 90er Jahre.

Günter Rohrbach

Film- und Fernsehprogramme im Wandel

Eine der erfolgreichsten Fernsehserien der 60er Jahre trug den Titel „Die Unverbesserlichen". Ihr Autor war Robert Stromberger, ihr Star Inge Meysel. Die Serie brachte es auf sieben Folgen in sieben Jahren.

In den 70er Jahren fing der gleiche Autor an, eine nicht minder erfolgreiche Serie zu schreiben. Sie heißt „Diese Drombuschs" und schaffte in sieben Jahren 27 Folgen. Obwohl Autor und Sender die Häufigkeit des Erscheinens sichtlich gesteigert haben, bleibt auch die neuere Produktion einem Verständnis von Fernsehen verhaftet, das Ereignisse schafft, indem es sich rar macht.

Kulenkampff gab es über Jahrzehnte sechs-, wenn es hochkam achtmal im Jahr. Frankenfeld, Lembke, Carrell, später auch Elstner und Gottschalk machten es nicht anders. Eine große Unterhaltungsanstrengung konzentrierte sich auf nur wenige Abende mit dem Ergebnis, daß sich die Ideen nicht verbrauchten und die Matadore, die sie präsentierten, nicht minder.

Das Fernsehen der 90er Jahre wird diesen Tugenden, sofern es sie überhaupt als solche erkennt, nur noch wenig abgewinnen können. Die immer noch steigende Zahl der Kanäle, die vervielfachte Menge an Programmstunden läßt einen behutsamen Umgang mit den kreativen Potentialen nicht mehr zu. Die Folgenzahl muß erhöht, die Frequenz verdichtet werden. Was erfolgreich ist, muß ins Feuer geschickt werden, koste es, was es wolle. Und es kostet viel, viel Geld vor allem, da die Konkurrenz die Ideen und die Stars, die Filme und die Spiele nicht billiger macht sondern teurer. Da gilt es, das Material zu nutzen, das den Erfolg bringt und solange es dies tut.

Mit der „Lindenstraße" ist die erste wöchentliche Serie vor fünf Jahren in das Programm eingedrungen. An weiteren Wochenserien wird noch gearbeitet, da liegen schon die ersten Pläne für eine tägliche Serie auf den Tischen der Redakteure. Die Quizspiele der privaten Veranstalter haben sich erst gar nicht bei einem Monats- oder Wochenrhythmus aufgehalten. Sie laufen täglich, zunächst noch eines pro System, demnächst sicher schon zwei oder drei.

Wie anders sollen auch die Programmstunden gefüllt werden, die sich vor den Sendern auftürmen. Schon heute ist es das Vierfache dessen, was noch vor fünf Jahren gesendet wurde. Demnächst wird es das Fünffache sein.

Solche Programmplantagen können nur gefüllt werden, wenn das ohnehin zu kleine kreative Potential optimal genutzt wird. Da muß gedehnt und gestreckt, gepreßt und gewrungen werden, da darf man nichts verschenken und nichts verlieren. Das Fernsehen der 90er Jahre wird mit dem der 60er und 70er nur noch entfernte Ähnlichkeit haben.

Die meisten Zuschauer sind inzwischen schon mit dem Fernsehen aufgewachsen. Für sie fehlt ihm jede Besonderheit, jede Magie. Es ist so selbstverständlich wie das elektrische Licht oder die Ölheizung. Fernsehen ist keine Tätigkeit mehr, auf die man sich gezielt einrichtet. Es steht nicht im Terminkalender, es kommt nicht vor in den Planungen des Alltags. Mit der Vielzahl der Kanäle hat es jede Übersichtlichkeit verloren. Immer weniger Sendungen gelingt es darum noch, zum Ereignis werden. Zur Ereignishaftigkeit gehört Öffentlichkeit. Wie aber soll sich noch der öffentliche Disput entwickeln, wenn die Zahl der Zuschauer, deren Interesse sich auf *eine* Sendung vereinigt hat, immer geringer wird? Die öffentlich-rechtliche Verfassung, das Monopol zweier Systeme hat das Fernsehen in der Bundesrepublik lange Zeit daran gehindert, jene Unterhaltungsroutine zu entfalten, die es andernorts, insbesondere natürlich in den USA, längst hatte. Jahrzehntelang haben Macher wie Rezipienten im Fernsehen eine Art Wohnzimmertheater gesehen, ein Heimkino. Die Individualität der Sendungen war zugleich ihre Tugend. Fernsehsendungen hatten Werkcharakter.

Im vielkanaligen Fernsehen der 90er Jahre wird es immer schwieriger sein, die Aufmerksamkeit des Zuschauers noch auf einzelne Programme zu lenken. Frustriert von der Aussichtslosigkeit, in den Programmzeitschriften Orientierung zu finden, und ausgerüstet mit einer Fernbedienung, jagt der Zuschauer durch die Kanäle auf der Suche nach jenen Vertrautheiten, die ihm einen angenehmen Abend versprechen. Die aber können außer den Filmen mit ihren Stars nur die seriell hergestellten Produktionen vermitteln. In ihnen fühlt er sich auch dann noch geborgen, wenn er weiß, daß er eine Steigerung seines Lebensgefühls daraus nicht erwarten kann. Es ist dies ohnehin ein Anspruch, der, sollte es je anders gewesen sein, an das Fernsehen nicht mehr gestellt wird. Das Fernsehen ist für die kleinen Gefühle da und für jene Erregungskurven, aus denen man zuverlässig nicht herausgeschleudert wird.

Die Helden des Fernsehens sind keine Götter wie die des Kinos. Sie haben vielmehr das moderate, menschliche Format, das die ständige Wiederbegegnung mit ihnen gefahrlos macht. Sie entstammen keiner Traumwelt, sondern einer anderen Wirklichkeit, die der eigenen zum Verwechseln ähnlich sieht. Die Fernsehserien sind fernab jeder Anmaßung. Sie versprechen nicht mehr als das kleine häusliche Glück, und sie haben ihren Zweck erfüllt, wenn sie halten, was sie versprechen.

Das Fernsehen der 90er Jahre ist richtiges Fernsehen und insoweit ohne Kulturanspruch, auch wenn Kultur in ihm vorkommt. Das richtige Fernsehen stellt keine Werke her und es bewahrt sie nicht. Es findet sich selbst in der Reproduktion des nahezu Gleichen und weiß sich dabei im Einverständnis mit seinen Rezipienten. Fernsehen als Teil der Kultur war eine Illusion der Macher, und sie selber sind dabei, das zeitweilige Mißverständnis zu korrigieren.

Fernsehen hat auch keine Lobby. Es gibt keine Bürgerbewegungen gegen das bestehende Fernsehen oder für ein anderes. Es gäbe dafür auch keine Adressaten. Mit der Vielzahl der Programme schwinden die Verantwortlichkeiten. An wen soll ich mich noch wenden mit meiner Empörung, wenn ich unter zwanzig Kanälen nichts finde, womit ich mich beschäftigen möchte? Das scheint dann ohnehin eher mein Problem zu sein als das der Sender.

Angesichts dieser Gefechtslage könnte es auch folgenlos bleiben, wenn die Qualität der Programme im Laufe der 90er Jahre weiter abnimmt. Darauf jedenfalls hat man sich einzustellen – und keineswegs nur deshalb, weil die kreativen Potentiale nicht ausreichen werden, um selbst bei geschicktester Nutzung der Reproduktionsmöglichkeiten die Standards zu liefern, die in der Vergangenheit üblich waren. Es fehlt nämlich nicht nur an Köpfen, sondern vor allem auch an Geld.

Geht man einmal davon aus, daß die Gebühren der öffentlich-rechtlichen Sender auch weiterhin allenfalls angepaßt, nicht aber erhöht werden, wird den Prognosen zufolge in der zweiten Hälfte der 90er Jahre aus zusätzlicher Werbung etwa fünfzig Prozent mehr Geld für Fernsehprogramme zur Verfügung stehen als heute. Fünfzig Prozent mehr Geld für 500 Prozent mehr Programm. Wie soll dieser Konflikt gelöst werden, wenn gleichzeitig wichtige Programmelemente wie Filme, Sport, Stars sich sprunghaft verteuern? Es wird also auch aus Kostengründen immer mehr serielle Produkte geben müssen, die immer preiswerter hergestellt werden. Aber anders als bei der Produktion von Autos sind die einzelnen Folgen einer Fernsehserie sich zwar ähnlich, sie sind aber nicht identisch. Die Rationalisierungsmöglichkeiten sind also begrenzt. Wenn billiger und schneller produziert werden soll, muß dies auf Kosten der Sorgfalt, der Genauigkeit, also der Qualität gehen. Wenn schnell produziert wird, muß auch schnell geschrieben werden. Wer glaubt, die Armut an Mitteln durch einen Reichtum des Witzes ersetzen zu können, der macht sich Illusionen.

Das Fernsehen der 90er Jahre wird reicher und ärmer zugleich sein. Es wird mehr und immer mehr von allem geben. Die Augen werden uns übergehen vor der Vielzahl der Bilder, aber die Bilder selbst werden leerer und ausdrucksschwacher werden.

Die Zuschauer, so steht zu erwarten, werden sich auch daran gewöhnen. Die starken Bilder und die großen Erlebnisse werden sie ohnehin woanders suchen, beispielsweise bei den Primärmedien Theater und Kino. Sie werden vermutlich von diesem Wandel profitieren und einen neuen Aufschwung erfahren.

Die vorgezeichnete Tendenz steht freilich im Gegensatz zur Entwicklung der elektronischen Technik. Sie weist nämlich in eine ganz andere Richtung. Ende der 90er Jahre, spätestens jedoch mit dem Jahr 2000, wird HDTV mit Macht auf den Markt drängen. Bis dahin dürfte die Geräteindustrie die Szene mit einigen Zwischennormen beleben, um den Absatz auch vor der technischen Revolutionierung des Fernsehens in Gang zu halten.

Schon diese Zwischennormen, erst recht aber das hochauflösende Fernsehen selbst, stellen die Frage nach dem Verhältnis von inhaltlicher und technischer Qualität ganz neu. Denn wer wird sich schon eine 1,80 mal 1,00 Meter große Bildwand ins Wohnzimmer hängen, um darauf die „Lindenstraße", das „Glücksrad" oder die fünfundzwanzigste Talk-Show zu sehen? Wenn die produzierten Bilder der Brillianz ihrer Wiedergabe nicht gewachsen sind, ist der ganze Aufwand sinnlos.

Aus der gegenwärtigen Entwicklung des Network-Fernsehens heraus wäre HDTV eine Fehlinvestition. Für die Programme, wie sie die 90er Jahre für uns bereithalten, brauchen wir keine neue Technik. Im Gegenteil, wie Fernsehen heute produziert und konsumiert wird, befindet es sich in Harmonie mit seinem technischen Niveau. Lediglich die Kinofilme machen davon eine Ausnahme. Ihre Produktion ist aber weltweit rückläufig.

Wenn HDTV nicht ein gigantischer Flop werden soll, muß sich der Markt Gedanken darüber machen, wie programmliche und technische Entwicklung in Gleichklang zu bringen sind. Vor allen Dingen muß dann Abschied von der gefälligen These genommen werden, daß die Programme selbst praktisch nichts kosten dürfen.

Es ist ja ein merkwürdiges Phänomen, daß die Zuschauer klaglos eine Menge Geld für ihr elektronisches Equipment ausgeben, die Zulieferung der Programme aber mehr oder weniger umsonst erwarten. 700 DM pro Jahr und Haushalt kostet in der Bundesrepublik die Technik, nur einen Bruchteil davon das Programm.

Und dabei sind die Kabel- und Satelliten-Kosten nicht einmal mitgerechnet. Das ist so, als würde man für die Töpfe weitaus mehr Geld ausgeben als für das Essen, das man darin kocht.

Kein Zweifel, daß die Empfangsgeräte des HDTV-Zeitalters noch um einiges teurer sein werden als die heutigen. Das Mißverhältnis würde also weiter wachsen. Dies kann und wird so nicht funktionieren. Das Fernsehen der 90er Jahre kann nicht das Fernsehen des Jahres 2000 sein.

Marktentwicklungen vollziehen sich in unserer angebotsorientierten Wirtschaft nur noch selten nach den Bedürfnissen der Konsumenten. Mit dem Fernsehen ist es nicht anders. Die Hardware-Industrie braucht, wenn sie weiter reüssieren will, den Sprung in eine neue Generation. Allerdings darf sie dabei das Programmm nicht leichtfertig sich selbst überlassen.

Denkbar wäre, zumindest für den Übergang, ein duales Fernsehsystem ganz anderer Art, als wir es gegenwärtig haben – nicht das Gegenüber von öffentlich-rechtlichen und privaten Veranstaltern, sondern ein Nebeneinander von Network-Fernsehen mit klassischer Technik und einem gesondert finanzierten und aufwendiger produzierten Fernsehen auf der Basis von HDTV. Aus dem heutigen Blickwinkel heraus würden sich für letzteres vor allem Spielfilme anbieten, deren Zahl dann aber wieder erheblich wachsen müßte.

Die Finanzierung eines Hochqualitäts-Fernsehens könnte nach den heute schon eingeführten aber bisher bei uns nicht sonderlich erfolgreichen Systemen Pay-TV und Pay-per-View erfolgen. Gerade Pay-TV wird mit HDTV-Technik erst richtig Sinn machen, da die Wiedergabe der Filme dann der Qualität des Ausgangsmaterials in etwa adäquat wäre.

Das Fernsehen der HDTV-Zukunft ist wie das Kino auf die Magie der großen, starken Bilder existenziell angewiesen. Auf die neue Technik richtet sich darum auch die Hoffnung der Produzierenden. Das Billig-Fernsehen der 90er Jahre ist nicht das Ende aller Möglichkeiten. Warum sollte die Technik nicht auch einmal das Heil bringen?

Diskussion zu Teil I und II

Die Diskussion zu den Teilen Technik und Programm wird vom Diskussionsleiter sofort auf den thematischen Punkt gebracht, und zwar auf das Spannungsfeld zwischen dem „Weglaufen der Technik in immer schnellerem Tempo“ auf der einen Seite und den sehr knapp werdenen qualitativen Potentialen des Programms auf der anderen Seite. Diese Schere zwischen den technischen Bedingungen und dem Drang nach programmlicher Vielfalt führt unmittelbar zur Finanzierungsfrage.

Die Rolle der Bundespost

Einer der Diskutanten stellt fest, daß die Bundespost der falsche Adressat für eine beklagte diffuse Entwicklung auf dem technischen Sektor sei. Man schlage den „falschen Esel“, hatte doch die Bundespost für den TV SAT seit Monaten Kanäle vorgehalten, die aber keiner haben wollte. Die ARD wolle wohl die Ausstrahlung auf TV SAT sofort, wenn diese in PAL und nicht in D2-MAC erfolge. So sei die Bundespost an einer Vorläuferrolle für HDTV durchaus interessiert, müsse jedoch die neuen Möglichkeiten wie „sauer Bier“ anbieten. Der schwarze Peter liege bei den Programmanbietern, sprich den Rundfunkanstalten. Dieser Position widerspricht eine Diskutantin mit dem Hinweis, die Entwicklung der TV SAT-Technik sei einfach nicht geglückt. Weder für die Industrie noch für die Nachfrager seien angemessene Zukunftsperspektiven gegeben.

Auf dem Weg zu Konzeptionen und Perspektiven

In einer ganzen Anzahl von Diskussionsbeiträgen wird herausgestellt, wie notwendig die Entwicklung von Konzeptionen, Perspektiven und Strategien bei der technischen, programmlichen und finanziellen Entwicklung des Rundfunksektors sei. So werde der verpaßten Chance nachgetrauert, über die Entwicklung des TV SAT 2 zu einer solchen Konzeption zu kommen. Der Weg hätte über eine MAC-Norm hin zu HDTV geebnet werden können.

Erhellend ist in diesem Zusammenhang die Erläuterung der Historie der MAC-Norm durch Wilkens. So sei der Anspruch, eine Europa-einheitliche Norm zu generieren, so lange unmöglich gewesen, als die Anbieterinteressen der Rundfunkveranstalter zu unterschiedlich waren. Die Techniker hätten sich auf C-MAC geeinigt, was die Industrie als nicht realisierbar einstufte. Daraufhin sei D-MAC ins Gespräch gekommen, die jedoch gegen die englischen Interessen waren; Skandinavien hätte auf C-MAC bestanden. Herausgekommen sei eine „Normfamilie“, bei der das Argument der Europa-Einheitlichkeit sich nicht durchsetzen konnte.

Zur Einführungsstrategie von HDTV wird zunächst festgehalten, daß eine künftige Übertragung sowohl durch Kabel als auch über Satellit möglich sei; heute gebe es auch schon Studios, die HDTV machen können – die Technologie sei also da.

Wie kommt man zu einer geordneten Übergangsstrategie von terrestrischer Verbreitung zur Kabel- und Satellitenverbreitung? Welche Möglichkeiten gibt es, die Aufwendungen für die terrestrische Verbreitung einzusparen und künftig für Programme auszugeben? Hier wird betont, daß Kabel als hervorragendes Übertragungsmedium die terrestrische Verbreitung nicht überflüssig mache, da es immer Teilnehmer gebe, die unter wirtschaftlichen Gesichtspunkten vernünftigerweise nicht angeschlossen werden könnten.

Eine bedeutende Rolle an diesem Punkt der Diskussion spielt die finanzielle Größenordnung der Verbreitungstechniken. Für die terrestrische Verbreitung wird von 300 bis 400 Mio. DM gesprochen, die Kosten für einen Satellitentransponder auf etwa 12 Mio. DM p.a. beziffert. Es folgt der Hinweis, daß es unterschiedliche Versorgungskonzepte zu unterscheiden gelte. Die Satellitentechnik sorge für Großflächenverbreitung, für einen europaweiten „Footprint". Die terrestrische Verbreitung konzentriere sich auf kleinflächige Versorgungskonzepte. National stelle sich die Frage, ob man terrestrische Netze überhaupt noch brauche, sei doch die Lückenversorgung sehr aufwendig. Es könne sein, daß es preiswerter werde, den Zuschauern in den Lücken einen Zuschuß zur Satellitenschüssel zu zahlen. Ohne weiteres sei erkennbar, daß sich in diesen Füllsendergebieten das Kabel „nicht rechne". Insgesamt gesehen sei eine gemischte Versorgung angezeigt. HDTV sei im übrigen nur über Satellitentechnik zu verbreiten, terrestrisch also nicht möglich.

Was den Hörfunk anbelangt, so sei die terrestrische Ausstrahlung unverzichtbar. Neben Sicherheitsfragen stelle sich die Gebietsgrößenfrage noch ausgeprägter als im Fernsehen. Auch der mobile Empfang – zwar auch über Satellit denkbar, aber nicht finanzierbar – dürfe nicht vernachlässigt werden. Auch im Hörfunk stelle sich daher das Mischkonzept als die richtige Lösung dar.

Ein Diskutant äußert sich zum Pro und Contra von Kabel- und Satellitentechnik: „I'm still confused, but on a higher level"! Er stellt die simple Frage eines verkabelten Bürgers, welche Gründe ihn veranlassen sollten, vom Kabel abzugehen und in fünf Jahren nur noch Satelliten zu empfangen. Andererseits: Welche Gründe sollten ihn veranlassen, in drei Jahren noch beim Kabel zu bleiben? Der ASTRA-Vertreter Steinacher kann hier trocken erklären, daß das primäre Zielpublikum für ihn nicht der Kabelkunde sei, sondern diejenigen 80 Prozent der Bevölkerung, die noch nicht verkabelt seien. Meinungsvielfalt sei angezeigt, viele Kabelkunden seien zudem interessiert, sich noch eine zusätzliche Vielfalt ins Haus zu holen. Kaiser erklärt, beim Kabel zu bleiben sei vorteilhaft, weil Kabel ein zukunftssicheres Medium sei. In den heutigen Koaxialkabelnetzen gebe es technisch gesehen *nicht eine* Anwendung, die – bis hin zum HDTV – nicht möglich sei. Glasfaser sei insofern nur ein neues Übertragungsmedium, das im Vergleich zum Koaxialkabel nicht „einen Deut mehr" liefere. Die Satellitentechnik bringe einzig zusätzliche „exotische" Satellitenprogramme, die nicht in die Kabelanlagen eingespeist würden. Im Prinzip sei es ja so, daß jedes Satellitenprogramm, das ortsüblich empfangbar sei, auch eingespeist werden sollte. Der Kabelkunde sei also derjenige, der mehr Programme wirtschaftlicher und preiswerter bekomme im Gegensatz zum Betrieb einer entsprechenden Satellitenstation.

Das Programm und sein Publikum

Erleben wir jetzt endlich das, was die Medienpädagogen gefordert haben: Eine gewisse Emanzipation des Publikums vom „Knebel" des Programms? Der Fragesteller konstatiert, die Zuschauer würden „fröhlich zappen", 21 Prozent der Deutschen würden beim Fernsehen lesen – und es sei durchaus eine offene Frage, ob dies schlecht oder gut im Hinblick auf die Programmqualität sei. Um im sozialen Wandel zu bestehen, müsse der Rezipient heute flexibel reagieren können, insbesondere auch auf die Fernsehprogramme.

Ein weiterer Beitrag unterstreicht die Notwendigkeit einer Gewichtsverlagerung der Diskussion von technischen Teilfragen hin zu programmlichen Grundthemen. Unwidersprochen bleibt die Feststellung, daß im Mittelpunkt immer das Programm stehe. Wirtschaft, Technik, Recht – das alles seien nur die Ressourcen, mit denen die Programmgestaltung der Zukunft zu erfolgen habe. Der Diskutant macht eine ausgeprägte Diskrepanz aus, nach der wir stets sehr detailliert über die technischen Bedingungen der Machbarkeit sprächen, uns im Hinblick auf das programmlich Mögliche aber eher in einem „archaischen Zustand" befänden. Sei es ein „Naturereignis", billige Programme zu übernehmen – oder gebe es bei den Rundfunkanstalten – zu Rohrbach und Schwaderlapp gewandt – Überlegungen, ähnlich wie bei der Entwicklung der Technik, Visionen und Zukunftsperspektiven anzupeilen, nicht zuletzt solche, die den Kulturaspekt betonten?

Angeregt durch diese Provokation präzisiert Schwaderlapp, seine relativ skeptischen Prognosen würden lediglich für die nächsten Jahre gelten. Hier sei er in der Tat relativ pessimistisch, weil Privatveranstalter mit relativ wenig Aufwand innerhalb kurzer Zeit hohe Sehbeteiligungen haben könnten und dann wirtschaftlich arbeiteten. Die vorhandenen Programmformen würden sie mehr oder weniger vervielfältigen. Die öffentlich-rechtlichen Rundfunkanstalten sähen sich gezwungen, diesem Trend gegenzusteuern und das Feld nicht leichtfertig den Privaten zu überlassen. Bei diesem Trend zu ähnlichen Programmformen müsse es dazu kommen, daß sich Zuschauer vom Fernsehen noch etwas mehr abwendeten, als sie es ohnehin schon täten. Noch mehr als bisher sei der Fernsehkonsum dann durch Doppeltätigkeiten geprägt, so daß ein zunehmend größerer Teil von Fernsehzuschauern eine Sendung nicht mehr von Anfang bis Ende mit voller Aufmerksamkeit verfolge, also nicht mehr planerisch auf das Fernsehprogramm zugehe. Für Fernsehen entscheide man sich erst am Ende einer Kette alternativer Beschäftigungsmöglichkeiten; Fernsehen komme nur dann in Frage, wenn Essen gehen, sich mit Freunden treffen, ins Kino gehen, ins Konzert gehen, zu müde zum Lesen sein usw. ausscheide. Ein sicheres Publikum seien nur die älteren Leute, mittlere bis untere Bevölkerungsschichten sowie Kinder.

HDTV sei in diesem Szenario ein Hoffnungsträger. Zwar mache HDTV andere Programmformen notwendig (Spielfilme und gezielt anzusehende Programme mit klarer Struktur), gleichwohl sei Optimismus für die Zeit nach den 90er Jahren angezeigt. Das ZDF habe gute Chancen, sich programmlich zu profilieren und wirtschaftlich zu existieren, und zwar bis in die zweite Hälfte der 90er Jahre. Programmlich sei die Informationsleistung hervorzuheben, die sich als „resistent" gegen die neuen Programme erweise. Die Infrastruktur des ZDF sei sehr stark und nicht aufholbar (zum Beispiel Auslandskorrespondenten). Imagewert, hohe Verläßlichkeit, hohe Vertrauenswerte unterstrichen dieses.

Akzeptanz von Programmen

Schwaderlapp erregt große Aufmerksamkeit mit dem Begriff der „Mini-Minderheiten", die seiner Ansicht nach nicht mehr alle bedient werden müßten wie bisher. Notwendig sei es, die Kulturprogramme denjenigen Themen zu öffnen, die nicht nur Mini-Minderheiten vorbehalten seien.

Ein weiterer Diskutant betont die Frage der Akzeptanz von Programmen und weist auf die zunehmende Nachfrageorientierung der Veranstaltung von Rundfunk hin. Sowohl für öffentlich-rechtliche als auch für private Rundfunkveranstalter sei die Reichweitenmaximierung ein Ziel. Im Bereich der Werbung sei die kommerzielle Nutzung der Reichweite für beide ohnehin gegeben. Ohne einer Programmplanung im Sinne einer Gestaltung nach der maximalen Reichweiten das Wort reden zu wollen, stellt der Diskutant heraus, daß die Nachfrage beziehungsweise Reichweite auf jeden Fall als ein wichtiges Kalkül in die Programmplanung Eingang finden müsse.

Im weiteren Verlauf der Diskussion wird ein möglicher Widerspruch zwischen den Thesen von Rohrbach und Schwaderlapp angesprochen. Rohrbach sei pessimistisch orientiert und sehe durch den Konkurrenzdruck eine tendenzielle Verflachung der Programminhalte. Schwaderlapp dagegen werfe einen optimistischen Blick in die Zukunft und weise auf die Stärken des öffentlichen Fernsehens hin wie die schnelle Basisinformation, die entspannende Unterhaltung und den kulturellen Anspruch.

Ergänzend wird Schwaderlapp gefragt, was er am Fernsehen als neu einstufe. Wie könnte der Widerspruch zwischen einem breiten Kulturanspruch und dem Ziel, möglichst viele Zuschauer zu erreichen, gelöst werden?

Schwaderlapp hält mehrheitenorientierte Programme für unverzichtbar; die Frage, wie man an Mehrheiten herankomme, sei zentral. Von strategischer Bedeutung seien neben Sport und Fernsehspielen Serienprogramme, die eine hohe „Durchschlagskraft" versprächen und eine hohe Identifikationsmöglichkeit für den Zuschauer böten. Was die Definition von Minderheitenprogrammen („Mini-Minderheiten") anbelange, so sei dieser Begriff nicht über den absoluten Wert von Einschaltquoten zu präzisieren, sondern dahingehend, ob solche Programmelemente ohne weiteres durch andere Programme substituierbar seien. Ein Programmangebot mit praktisch nicht mehr meßbaren Einschaltquoten bliebe nach diesem Kriterium dennoch im Programm, da es keine Programmalternativen gebe. Am Beispiel aktueller Inszenierungen lasse sich dieser Sachverhalt leicht exemplifizieren.

Wildhaber ergänzt die „Fernsehoptik" durch einen Blick auf die Radiolandschaft in der Schweiz. Er sei für die Zukunft optimistisch, was die Programmvielfalt anbelange; der „Einheitsbrei" werde sicherlich bald überwunden sein. In der Bevölkerung veränderten sich die Vorstellungen und drängten in Richtung zu mehr Kreativität. Da das Medium Radio einfacher reagieren könne als das Fernsehen, könne es in der Zukunft zu einem starken kreativen Impuls für die Programmarbeit kommen.

Finanzierung, technische Bedingungen und Programm

Wer soll eigentlich das Qualitätsprogramm finanzieren, das für HDTV gebraucht wird? Auf diese Frage antwortet Rohrbach in zweifacher Form. Zum einen sei – angebotsorientiert – die Hoffnung auf die Produzierenden gerichtet, – aber auch auf die Hardware-Industrie, die HDTV dringend brauche, da aus dem Ersatz der jetzigen Geräte langfristig keine Zuwächse erzielbar seien. Andererseits sei auf den Nachfrager zu setzen, der wieder eine „planerische Lust" am Fernsehen, am gezielten Vorgehen, entwickeln könne, wenn er eine neue Generation an Technik zur Verfügung habe. Das brillante HDTV-Bild ermögliche neue Erlebnisqualitäten und helfe ihm, bei hoher Vielfalt eine neue bewußte Auswahl zu treffen. HDTV habe unter diesen Voraussetzungen eine Chance, aber nur dann, wenn der Markt sich Gedanken darüber mache, wie er die Programme organisiere.

Bedauerlich sei, daß die Politik sich aus der Verantwortung verabschiedet habe. Sie habe Mediengesetze gemacht, Satellitenkanäle verteilt, im übrigen aber erklärt, das übrige müsse der Markt erledigen. Gleichzeitig intervenierte die Politik aber in Form der Gebührenpolitik immer wieder auch in die Programmherstellung hinein; dies sei eindeutig gegen die Interessen der Zuschauer.

Wenn die Zuschauer, so Rohrbach weiter, über ein PAY-TV-System die Möglichkeit hätten, brillante Bilder zu bekommen, wären sie auch bereit, dafür zu bezahlen.

Im weiteren Verlauf der Diskussion werden die Nutzungsvoraussetzungen von HDTV im häuslichen Bereich diskutiert, auch die andere „Dramaturgie", die zu einem Druck auf die Rundfunkanbieter führen würde, alles in HDTV zu bringen. Rohrbach hält es für denkbar, daß in Wohnungen ein eigener Bildschirm für HDTV installiert und daneben das normale Network-Programm wie bisher empfangen wird. Schon heute hätten viele Haushalte mehr als ein Gerät in verschiedenen Zimmern.

Abschließend stellt der Diskussionsleiter fest, daß es offensichtlich schwierig sei, integrative Fragen zu stellen und ebensolche integrativen Antworten zu finden. Es gelte, den Prozeß der technischen, programmlichen, produktionsmäßigen und finanziellen Entwicklung geistig zu bewältigen.

Claudia Mast

Das Programm als Basis für ein effizientes Marketing von Rundfunkunternehmen

Ein Traum von Marketing-Strategen ist sicher: das richtige Produkt zur rechten Zeit am richtigen Ort. Im Falle von Rundfunkunternehmen könnte sich ein solcher Traum auf das richtige Programm zur rechten Zeit im richtigen Kanal beziehen. Möglicherweise kommen die Alpträume derer, die sich mit Marketing beschäftigen, den Schwierigkeiten auf den Rundfunkmärkten näher:

- Immer mehr Rundfunkanbieter konkurrieren um die Aufmerksamkeit des Publikums mit der Konsequenz, daß bestehende Angebote Reichweiten und Akzeptanz verlieren.
- Konkurrierende Programme treten auf den Plan, die den eigenen zum Teil immer ähnlicher werden.
- Hörer und Zuschauer bekommen angesichts der Expansion von Rundfunkprogrammen Orientierungsschwierigkeiten.
- Die Programmkosten steigen rapide bei immer kleineren Publikumssegmenten.

Das programmlich Nötige gerät in Kollision mit dem finanziell Möglichen. Das Programm als Basis für ein effizientes Marketing von Rundfunkunternehmen?

Determinanten der Programmpolitik

Auf den ersten Blick scheinen eher goldene Zeiten für Rundfunkanstalten bevorzustehen. Die frei verfügbare Zeit der Zuschauer und Zuhörer hat drastisch zugenommen. Waren es 1950 noch ca. 1.600 Stunden Freizeit jährlich pro Person, wird die freie Zeit bis zum Jahr 2010 auf rund 2.300 Stunden angewachsen sein. Die Verschiebung der Alterspyramide zu den „Senioren“ vergrößert zudem Publikumssegmente, die ohnehin mehr Zeit mit Medien verbringen als junge Menschen. Technische Innovationen in der Kabel- und Satellitentechnik, im Raumbild und -klang (HDTV) vergrößern die Angebotspalette sowie den Komfort der Nutzung. Zusätzlich zum Vordringen von Rundfunkangeboten in das Lokale bzw. in die Region (Lokalisierung, Regionalisierung) erobert der Rundfunk auch den europäischen und internationalen Raum (Europäisierung, Internationalisierung). Die Werbevolumina steigen, die Haushalte haben immer mehr Geld für Freizeitausgaben zur Verfügung, und die Grenzen zwischen Presse und Rundfunk sowie zwischen Regionen und Nationen werden durchlässig.

Dennoch kommt keine richtige Goldgräberstimmung auf. Die Anbieter nehmen rapide zu, die Marktanteile sinken. Zielgruppen werden immer kleiner, verändern sich schnell und wollen – angesichts des Überangebotes – individuell bedient werden. Sie sind auch anspruchsvoller und ihre Zeit ist kostbarer geworden. Sie entscheiden weitgehend über den finanziellen Spielraum von Rundfunkanbietern. Knappheit und Überfluß sind zwei Seiten einer Medaille.

Programm-Marketing muß daher zunächst die Grundsatzfrage klären, mit welchen Medienleistungen in welcher Ausprägung ein Unternehmen den Medienwettbewerb bestreiten will. Theoretisch gesehen lassen sich Medienleistungen in den Dimensionen Raum, Zeit und Inhalt fassen (vgl. *Abbildung 1*).

Kommunikationsräume, die von Medien erschlossen werden, sind keinesfalls nur regional (von der Lokalzeitung bis zum internationalen Finanzblatt) zu sehen, sondern können auch personell (Zielgruppen) oder situativ (zum Beispiel Reisende) eingegrenzt werden. Medien stehen daher vor der Frage, welche Kommunikationsräume sie bedienen wollen bzw. können. Technik, Finanzen und Politik setzen hierbei Grenzen.

Medienleistungen unterscheiden sich desweiteren in der Dimension Zeit, wenn man die unterschiedliche Periodizität der Angebote (von der einmaligen Publikation bis zum regelmäßigen Erscheinen) und die zeitliche Differenz zwischen den Ereignissen und der medialen Vermittlung (von „Live"-Übertragungen bis zum bewußt in die Aktualität gehobenen Thema eines Beitrages) betrachtet. Abrufdienste wie Videotext und Pay-TV oder Unterhaltungsmedien pflegen einen anderen Umgang mit dem Faktor Zeit als es zum Beispiel aktuell-universelle Rundfunkprogramme tun. Zeit ist aber auch eine Dimension der Mediennutzung und der Marktanteile. Während Rundfunksendungen zum Beispiel dem Hörer und Zuschauer ihre „Ausstrahlungszeit" aufdrängen, ermöglichen entsprechende Speichermedien den zeitunabhängigen Zugriff. Erfolgreiches Marketing wird daher versuchen, die Medienleistung „Bewältigung von Zeit" auf der Angebots- und Nutzerseite zu optimieren.

Die Inhalte, die Medien vermitteln, variieren nach Wahrnehmungsdimensionen (zum Beispiel akustisch und/oder visuell in Ton, Sprache, Bild oder Text), Sparten der Realitätsbereiche (zum Beispiel Politik, Wirtschaft, Buntes) sowie Fictionen

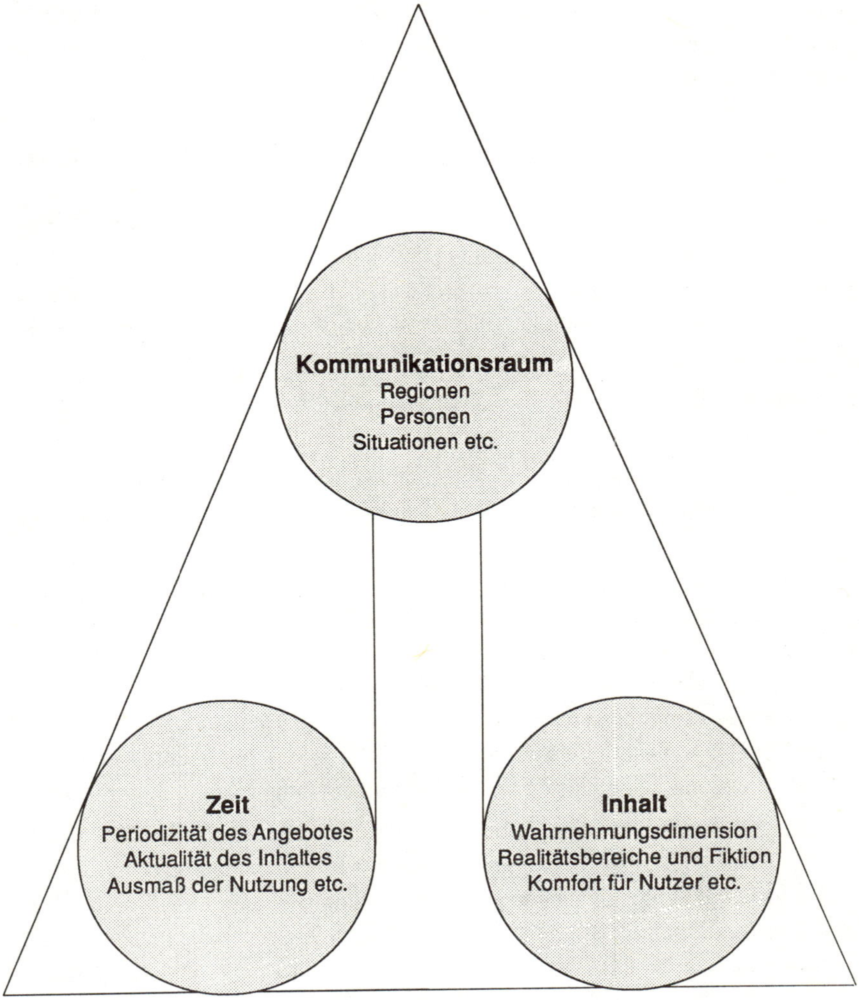

Abbildung 1: Medienleistungen: Bewältigung von Raum, Zeit und Inhalt

(zum Beispiel Spielfilm, Schauspiel, Serie) als Angebot. Zwischen den inhaltlichen Darbietungen werden die Grenzen fließend (zum Beispiel Infotainment). Auch Wahrnehmungsdimensionen werden kombiniert (zum Beispiel Visualisierung von Musik über Videoclips).

Im Wettbewerb der Medien kommt es darauf an, Kombinationen von Medienleistungen (Kommunikationsraum, Zeit, Inhalt) zu finden, die angesichts der technischen, publizistischen, ökonomischen und rechtlichen Determinanten wettbewerbsfähig sind. Dann erst kann mit einer klaren Akzentuierung und Schwerpunktsetzung der Medienleistungen Profil geschaffen werden. Interdependenzen und Kompatibilitäten zwischen den Dimensionen der Medienleistungen sind wettbewerbsentscheidend.

Die konkrete Programmpolitik zum Beispiel eines Rundfunkunternehmens (vgl. *Abbildung 2*) wird dann bestimmt von:

- dem Rundfunkmanagement, das Ziele und Konzepte für Programme formuliert und die Organisation und Arbeit im Rundfunkunternehmen gestaltet, entsprechend der
- jeweiligen Markt- und Wettbewerbsposition. Hiervon ist nicht nur abhängig, was ein Rundfunkanbieter anbieten *will*, sondern auch was er umsetzen *kann*. Ressourcen und Realisierungschancen von Marketingkonzepten hängen von der jeweiligen Marktposition ab. Sinkende Marktanteile erfordern neue Programm(realisierungs)konzepte. Von der Erst- oder Alleinanbieterposition über die Marktführerschaft bis zum nachrangigen Anbieter reicht die Palette möglicher Handlungsspielräume von Rundfunkunternehmen.
- Auflagen von Politik, technische Möglichkeiten, aber auch Grenzen medienrechtlicher Regelungen oder Zielvorstellungen von Kapitaleignern strukturieren den vielfältig gebrochenen und gegliederten Rundfunkmarkt national und international. Sie prägen den Dualismus ungleicher Wettbewerber, deren Zielsetzung und Angebotspolitik sich grundsätzlich unterscheidet. Das ausschließlich marktorientierte Vorgehen privater Anbieter steht einem der Gesellschaft verpflichteten öffentlich-rechtlichen Rundfunk gegenüber.
- Letztlich sind es jedoch Journalisten und Programmgestalter, die die Programmpolitik täglich realisieren. Von ihrer Kompetenz, ihrem Selbst- und Berufsverständnis hängt die konkrete Ausformung maßgeblich ab. Sie planen und gestalten die Programme.

Die Auswahl von Programminhalten ist von strategischer Bedeutung für Rundfunkunternehmen *(vgl. Abbildung 3)*. Allerdings gestalten die Unternehmen

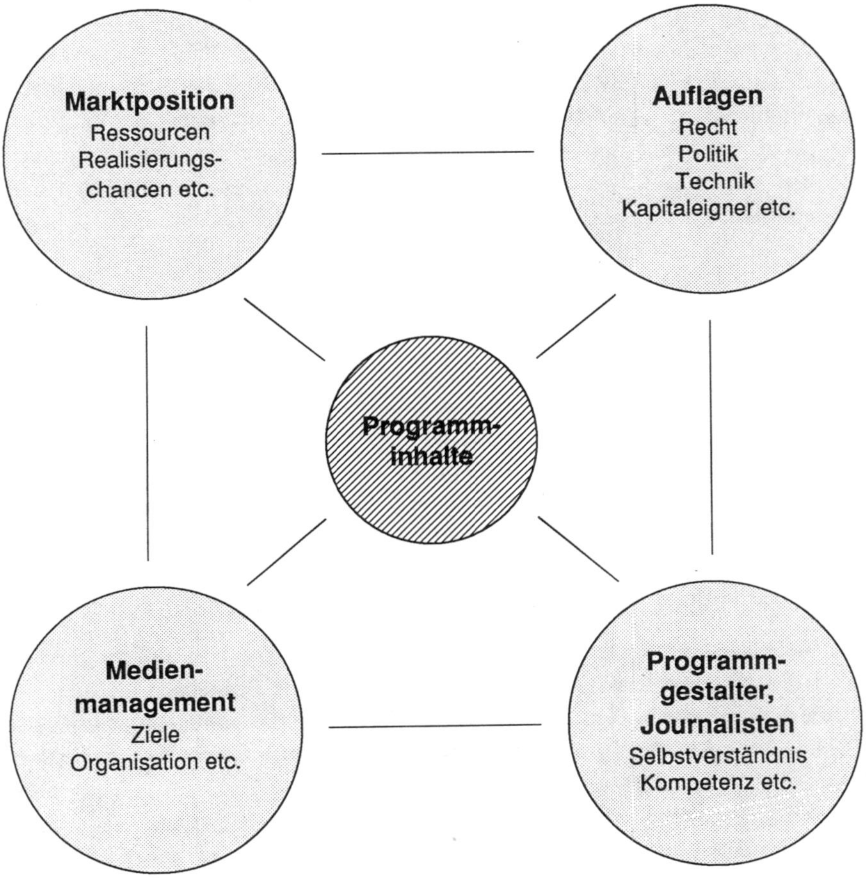

Abbildung 2: Determinanten der Programmpolitik

diesen Auswahlprozeß nur auf einer Ebene weitgehend selbst: nämlich durch die Entscheidungen und Handlungen der Organisation Rundfunkanstalt (= Mesoebene). Ausgehend von der Marktposition entscheidet das Rundfunkmanagement über die Programmstrategien, die von den Unternehmenszielen ausgehend mit Blick auf die Publikums-„Märkte" und die Konkurrenz eingeschlagen werden sollen, sowie die Maßnahmen (zum Beispiel Schwerpunktsetzung) zur Erreichung eines Profils für Programme und Anbieter gleichermaßen.

Profil gewinnt man am ehesten durch Kontrast zum Konkurrenten, Wiedererkennbarkeit infolge durchgängiger „Programmfarbe“, assoziationsfähige „Programmköpfe“, die regelmäßig wiederkehren (Moderatoren, Interviewer, Präsentatoren), eigenproduzierte Programme (Exklusivität) und die Kompatibilität der einzelnen Angebote. Bei kontinuierlicher und durchgängiger Präsentation von Programminhalten sind diese Kriterien Basis für die im Wettbewerb unverzichtbare „Programmidentität“ beziehungsweise „Kanalidentität“, das heißt die beständige Zuwendung von Publikumssegmenten zu Medienangeboten.

Der Hörer und Zuschauer (= Mikroebene) muß jederzeit in der Lage sein, die Besonderheit des Programmangebotes zu erkennen als Basis für seine Bewertung und die Kalkulierbarkeit des Nutzens, den er erwartet (zum Beispiel Zeitvertreib, Information, Stimmungsmodulation, Escape). Unverwechselbarkeit ist Voraussetzung dafür, daß Programme in den Augen des Publikums als (derzeit) unverzichtbar empfunden werden. Ist das Programm erst einmal unentbehrlich für die soziale Organisation des Alltags geworden (zum Beispiel Nachrichten, Wetter, Sport), dann hat das jeweilige Angebot kaum Akzeptanzprobleme. Allerdings sind diese Bewertungsprozesse in ihrem Ergebnis keineswegs stabil. Gewohnheit und damit Kontinuität in der Auswahl verliert im Mediennutzungsverhalten an Bedeutung.

Der Stellenwert von Programmen beim Hörer und Zuschauer ist multimedial bedingt, das heißt konkrete Angebote sollten sich in ihren Leistungen mit anderen Medien (zum Beispiel Zeitschriften, Bücher) vernetzen. Die vordergründigste medienübergreifende „Verankerung“ von Rundfunk ist gegenseitige Bezugnahme in Pressemedien und Rundfunkprogrammen. Multimediale Verankerung heißt aber auch Differenzierung der Funktionen einzelner Medienangebote und Berücksichtigung der verschiedenen Nutzungsmodalitäten beim Hörer und Zuschauer. Programme haben sich nicht nur im Wettbewerb der Rundfunkangebote zu bewähren, sondern auch mit Blick auf Zeitungen, Zeitschriften oder Musikträger (Schallplatten, Kassetten, CD). Der Medienwettbewerb ist multimedial geworden. Letztlich geht es bei den Maßnahmen des Medienmarketing um die emotionale Bindung des Rezipienten an *ein* Programm unter vielen anderen Medienangeboten, das heißt die Stimmigkeit des Konzeptes, die Übereinstimmung von Programmleistungen und Bedürfnissen, die Glaubwürdigkeit sowie die Kontinuität der Angebote.

Ziele und Spielregeln für den Wettbewerb um die Aufmerksamkeit des Publikums werden weitgehend auf gesellschaftlicher Ebene (= Makroebene) festgelegt. Politik, Wirtschaftssystem bzw. die Medienordnung setzen die Ziele für Medienunternehmen und die Grenzen, innerhalb derer Wettbewerb möglich ist.

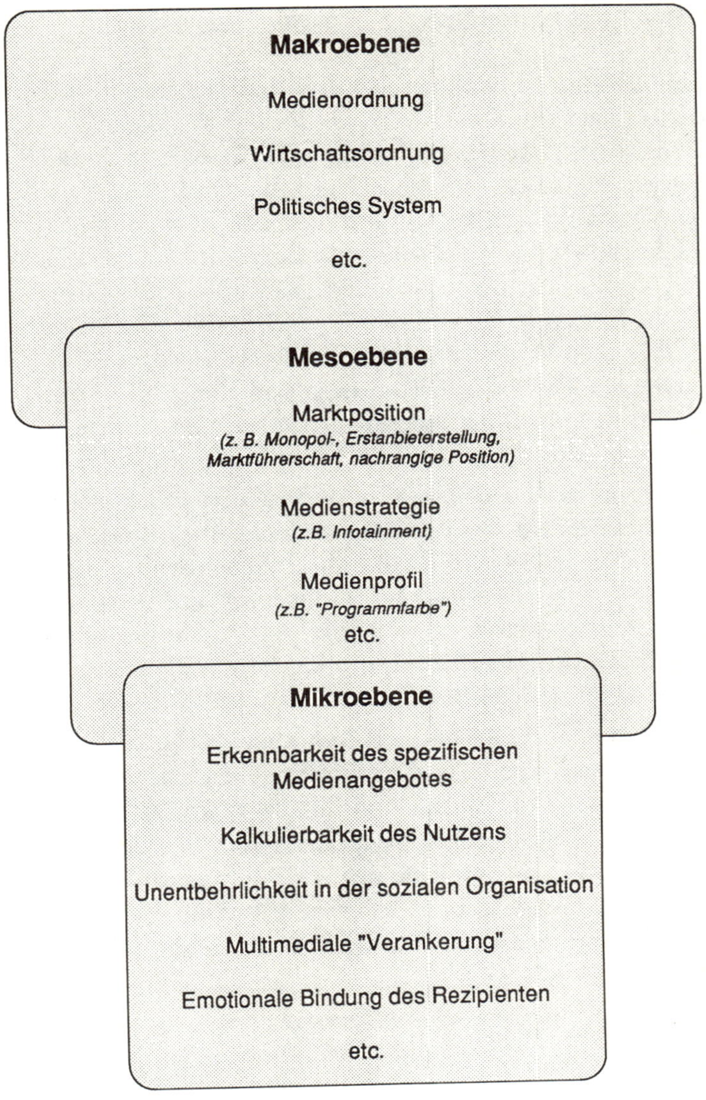

Abbildung 3: Programminhalte und Auswahl: Einflußfaktoren

Der Markt für Programme

Programm-Marketing ist die bewußte Konzeption des Programms vom Markt her. Marketing-Definitionen wie diese stellen die Frage, was „Markt" für Programme eigentlich heißt (vgl. *Abbildung 4*). Aktuelle Auseinandersetzungen über Sportübertragungen, Filmrechte und Moderatoren, die ihren Arbeitgeber wechseln, lenken zunächst das Augenmerk auf die „Beschaffungsmärkte". Markt bedeutet in diesem Zusammenhang die publizistische Ereignislage und deren mediale Erschließung, der Zugriff auf vorproduzierte oder vorhandene Programminhalte (zum Beispiel Filme) und deren Verwertungsrechte sowie die „Programmköpfe", das heißt Personen, die das Programm gestalten beziehungsweise präsentieren. Die Engpässe auf den Beschaffungsmärkten sind offensichtlich. Programmvermehrung wird weitgehend mit Programmwiederholungen „bezahlt".

Die Produktion und Verteilung von Programmen enthält ebenfalls zahlreiche Probleme der Technik (wenn zum Beispiel die Frequenztechnik inhomogene Kommunikationsräume erschließt), des Personals (wenn zum Beispiel das Potential kreativer Programm-Macher begrenzt ist), der Organisation (zum Beispiel schwerfällige Arbeitsabläufe aufgrund überkommener Führungs- und Organisationsstrukturen) und der Programminhalte selbst. Kosten steigen, eine extensive Programmverwertung kann das eigene Profil schwächen und echte Programminnovationen scheinen nur selten erfolgreich zu sein.

Die Absatzmärkte sind für Rundfunkunternehmen vielfältig. Zum einen ist es der Marktanteil, den Rundfunkanbieter an den Nutzungszeiten der Publikumssegmente haben. Zum anderen die Wertschätzung, die sie in der Werbewirtschaft genießen, die nicht nur auf Reichweiten, sondern auch Kontaktqualitäten achtet. Hinzu kommen „Dritte", die Einfluß auf die Wettbewerbsbedingungen im dualen Rundfunksystem haben: Regierungen, Kommissionen, Parteien u.a.. Sie gestalten die nationalen und internationalen Bedingungen für den Absatz von Programmen.

Programm-Marketing und Aufgabenbereiche

Ausgehend von den Determinanten der Programmpolitik, der Konkurrenzlage für Programme und den Absatzmöglichkeiten auf einem zunehmend international durchlässigen Rundfunkmarkt ergeben sich für Programm-Marketing folgende Aufgabenbereiche (vgl. *Abbildung 5*):

Zieldefinitionen und -vereinbarungen für das Unternehmen als Ganzes, einzelne Programme (in Hörfunk und Fernsehen) und Programmbereiche können ausschließlich auf den Markt als ökonomischen Faktor oder auch auf andere Ziele

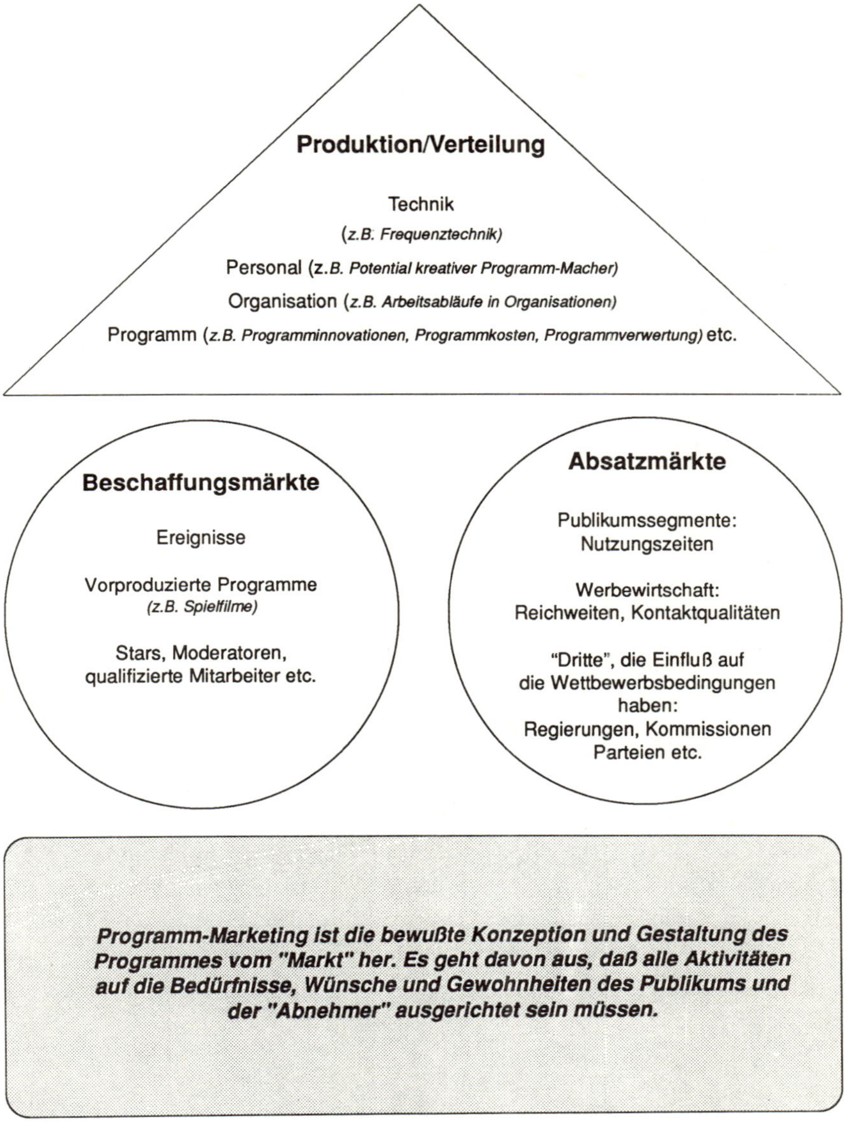

Abbildung 4: Der „Markt“ für Programme

(zum Beispiel Grundversorgung per Programmauftrag) gerichtet sein. Die Definition der Ziele beziehungsweise die Lösung eventuell auftretender Zielkonflikte entscheiden dann über Programmstrategien der Reichweitenmaximierung (Verfolgen *eines* Zieles) oder -optimierung (das heißt Verfolgen *mehrerer* Ziele). Auch mit Blick auf das Publikum unterscheiden sich Programmangebote. Von der Eingrenzung des Publikums im Sinne eines klaren „Ziel"- Publikums bis hin zur diffusen Streuung, vom Vollprogramm bis zum speziellen Spartenangebot reichen Programmstrategien. Für die Effizienz von Programm-Marketing ist – von der gewählten Zielsetzung eines Rundfunkunternehmens unabhängig – entscheidend, daß

- Ziele der Angebots-, Produktions- und Absatzstrategien klar definiert und formuliert sind,
- sie mit den Programmgestaltern und Journalisten einvernehmlich vereinbart und
- auftretende Zielkonflikte diskutiert werden.

Zieldefinitionen und -vereinbarungen können (zum Beispiel als Unternehmensgrundsätze oder -leitbilder) schriftlich formuliert werden, müssen es aber nicht. Wichtig ist der aus Überzeugung getragene Konsens aller Beteiligten über die Richtigkeit des eingeschlagenen Weges und die Wichtigkeit der eigenen Arbeit für die Zielerreichung.

Nach Festlegung der Unternehmensziele und der Wettbewerbsstrategie kann dann das bestehende Angebot auf seine Funktionalität überprüft werden – eine Aufgabe, die angesichts der Fülle zu erledigender Alltagsaufgaben und drängender neuer Vorhaben oft vergessen wird. Sicher haben bestehende Programme eine Geschichte, aber mit Geschichten lassen sich keine Märkte halten oder erobern. Bestehendes zu verändern, ist daher aus vielerlei Gründen oft schwieriger als Neues einzuführen. Nichtsdestoweniger muß ein effizientes Programm-Marketing in Intervallen das gesamte Programmangebot und seine einzelnen Elemente überprüfen auf

- Funktionalität (Werden die Programmziele erreicht?)
- Wirtschaftlichkeit (Kann das Angebot auch mit geringem Mitteleinsatz realisiert werden?)
- Qualität (Ist das Programm besser oder zumindest gleich gut wie vergleichbare Angebote der Konkurrenz?). Eine Strategie der Qualitätsverbesserung ist nicht gleichbedeutend mit Eliteorientierung.

Abbildung 5: Programm-Marketing und Aufgabenbereiche

- Vielfalt (Wird dem Hörer und Zuschauer deutlich, daß das Programm anders ist als das des Konkurrenten?)
- Innovation (Gelingen neue Sendungen oder neue Formen der Aufbereitung und Präsentation von Inhalten?). Der Anteil von neuen Programmen im Angebot hat zwar nicht den zentralen Stellenwert wie zum Beispiel bei industriellen Produkten. Dennoch ist es überaus wichtig, *ob* Programminnovationen überhaupt gelingen. Sie weisen auf die Innovationsfähigkeit einer Organisation hin.

Diese Überprüfungskriterien Funktionalität, Wirtschaftlichkeit, Qualität, Vielfalt und Innovationsfähigkeit fließen ein in die Analyse der Wettbewerbsposition von Programmen und Sendungen entsprechend den gesetzten Zielen.

Je mehr Rundfunkunternehmen dem Marktgeschehen unterliegen, desto wichtiger wird auch die Effizienzsteigerung durch Überprüfen der Ablaufprozesse. Je stärker die Anforderungen des Unternehmensumfeldes spürbar werden, desto wichtiger ist die Schnelligkeit von Entscheidungs- und Umsetzungsprozessen, nämlich die (Re-)Aktionsgeschwindigkeit einer Organisation. Die Rationalisierung von Abläufen spart Zeit und Ressourcen. Durch flexible Zusammenarbeit auch über Bereichsgrenzen hinweg (zum Beispiel zwischen Redaktion, Produktion, Technik, Verwaltung) werden Reibungsverluste vermieden. Gegebenenfalls müssen die Verteilung der Arbeitsinhalte und die Kommunikation im Rundfunkunternehmen neu organisiert werden.

Im härter werdenden Konkurrenzkampf der Programme um das Publikum wird die Medien- und Kommunikationsforschung zur Marktforschung. Sie muß die Rahmendaten für die Programmentscheidungen liefern, die Marktposition von Programmen analysieren und neue Märkte aufspüren. Ist die Programmpolitik dann festgelegt, tritt auch die Kommunikationspolitik in den Vordergrund. Sie ist neben den Programmleistungen ein weiterer Erfolgsfaktor zur Gewinnung von Marktanteilen im Bereich der Meinungen, Einstellungen, Überzeugungen und Emotionen – innerhalb und außerhalb von Rundfunkunternehmen. Gerade die Programm- und Kommunikationsunternehmen des Rundfunks müssen ihre Kommunikationsfähigkeit intern und extern unter Beweis stellen.

Programme – Ausdruck unterschiedlicher Wettbewerbsbedingungen

Das Programm als Basis für Rundfunkmarketing gibt es daher nicht - weder im Fernsehen noch im Hörfunk. Programme sind Ausdruck der durchaus unterschiedlichen Wettbewerbsbedingungen für Rundfunkanbieter und müssen ihnen sozusagen „vor Ort“ gerecht werden. Hörfunk- und Fernsehprogramme unterliegen differierenden regionalen, medien- und marktspezifischen Konditionen – von den Kostenstrukturen einmal ganz abgesehen. Effizientes Marketing für Programme ist daher unternehmensspezifisch.

Einige Bedingungen für ein effizientes Rundfunkmarketing gelten für Hörfunk und Fernsehen gleichermaßen. Sie sind Gegenstand dieses Beitrages, wenngleich eine getrennte Betrachtung der beiden Medien die unterschiedlichen Marktchancen herausarbeiten könnte.

Nehmen wir den Rundfunk als Ganzes: Das Betätigungsfeld für Rundfunk ist kein eindimensional am freien Spiel der Kräfte orientierter Wirtschaftsbereich, sondern ein regional gegliederter, reglementierter und politisch geprägter Markt. Marktwirtschaftliche Planungs- und Marketingskonzepte stoßen dann an Grenzen, wenn ein Rundfunkunternehmen sowohl eine markt- wie auch progammorientierte Politik verfolgt.

Schließlich sind es medienpolitische, aber auch technische Entscheidungen, die die jeweiligen Wettbewerbsbedingungen für die ungleichen Partner im dualen System definieren. Rundfunkunternehmen, die sich ausschließlich am Markterfolg orientieren und durchaus „Programme mit Mindeststandards" (Friedrich Nowottny) anbieten können, stehen öffentlich-rechtlichen Anstalten gegenüber, die mit veränderten Rahmenbedingungen zurechtkommen müssen.

Die neuen privaten Fernsehprogramme sind zum Beispiel durchaus erfolgreich, wie ein Blick auf das Werbevolumen zeigt. Teilten sich im ersten Halbjahr 1988 öffentlich-rechtliche und private Fernsehanbieter das Werbevolumen noch im Verhältnis 9:10; war es 1989 bereits 68:32. Für den privaten Hörfunk ist die Lage je nach Bundesland verschieden. Lukrativ ist jedenfalls der Norden. Diese Zahlen sprechen zunächst für die Beweglichkeit und den Erfolg privater programmpolitischer Konzepte und die Probleme der Öffentlich-Rechtlichen.

Das Programm-Marketing öffentlich-rechtlicher Anbieter hingegen ist eingeengt, da sie zur Grundversorgung verpflichtet alle üblichen Programmelemente anbieten müssen, auch wenn die neuen Wettbewerbsbedingungen die Preise für Produktion und Beschaffung in die Höhe treiben und die Werbeeinnahmen schmälern. Außerdem haben sie weder einen direkten Einfluß auf die Höhe der Gebühren, noch können sie die Werbeeinnahmen aus eigener Kraft steigern. Der Rundfunkmarkt ist gerade wegen der gesellschaftspolitischen Unentbehrlichkeit von Programmleistungen „für alle" vielfältigen Zwängen unterworfen.

Insofern ist bereits im Grundansatz der Stellungnahme des „Kronberger Kreises" zu „Mehr Markt in Hörfunk und Fernsehen"[1] zu widersprechen, denn Rundfunkmärkte lassen sich nicht ausschließlich nach wirtschaftlichen Kriterien beurteilen, *ohne* die Auswirkungen auf die Programminhalte zu berücksichtigen. Interessanterweise ist in dieser Studie vom Programm auch nur am Rande die Rede, nämlich wenn die „Programmverflachung und der Ausschluß von Minderheiten" als sogenannte „Vorbehalte gegen private Veranstalter" und „Fehlvorstellungen" apostrophiert werden.

Inhaltliche Universalität und Umfang von Programmen sind zunächst eine Frage der Programmkonzepte, vor allem aber eine Frage der Finanzierbarkeit in Abhängigkeit von der Größe des Kommunikationsraumes, den das Programm anspricht – sei der Kommunikationsraum geographisch als Ausstrahlungsgebiet oder personell und situativ als Zielgruppe und Publikumssegment verstanden.

Unter den gegebenen Marktbedingungen haben Hörfunk- und Fernsehprogramme - was ihre Kommunikationsräume betrifft – durchaus unterschiedliche „Grenzwerte", deren Unterschreiten den unternehmerischen Handlungsspielraum gefährdet. Unter Grenzwert sind Erfahrungswerte zu verstehen, die als Mindestmaß für publizistischen und wirtschaftlichen Erfolg anzusehen sind – natürlich in Abhängigkeit des versorgten Kommunikationsraumes, der Universalität, Qualität und des zeitlichen Umfanges von Programmen und der Nutzung durch Hörer und Zuschauer.

Herausforderungen für die Unternehmenspolitik der einzelnen Anbieter liegen darin, sich im Wettbewerb der Ungleichen mit durchaus unterschiedlichen Rahmenbedingungen und Zielsetzungen so einzurichten, daß sie andere (das heißt zusätzliche) oder deutlich bessere Programmleistungen anbieten als ihre gedruckten und elektronischen Konkurrenten. Dieses unternehmensspezifische Marketing ist nur bedingt generalisierbar.

Andere und bessere Programmleistungen (Vielfalt und Qualität) sind Begriffe, die sich vorzüglich eignen, lang und kontrovers diskutiert zu werden. Sie können jedoch in eine konsequente Strategie des „anders als die Konkurrenz" und „besser als die Konkurrenz" umgesetzt werden. Und unter Konkurrenz sind nicht nur andere Rundfunkanbieter zu verstehen, sondern auch Pressemedien (zum Beispiel Tageszeitungen als Konkurrenten für den Hörfunk).

Sicher ist die Qualität[2] eines Programmes kein objektiver Standard, der kodifiziert, gemessen oder gar erzwungen werden kann, sondern wird durch vielschichtigen Konsens generiert. In einem so verstandenen „Qualitätsindex" von Rundfunkprogrammen könnten einfließen.

1. Präferenzen und Wertungen von Zuschauern und Hörern (quantitative und vor allem qualitative Daten über das Mediennutzungsverhalten);
2. grobe Schätzungen der Programmgestalter und Redakteure, wie sie ihr eigenes Programm mit Blick auf das Angebot der Konkurrenz bewerten und welche Gründe sie für Qualitätsunterschiede anführen sowie

3. Leistungen von Programmen – gemessen von der Medienforschung (zum Beispiel Exklusivität, Eigenanteil, Varianz der Präsentationsformen, Aktualität).

Gerade das öffentlich-rechtliche System muß in der „Öffentlichen Meinung" seine Programmleistungen im Sinne von „besser und anders als die Konkurrenz" als Wettbewerbs- und Legitimationsfaktoren thematisieren, denn sie sind ein Grundpfeiler, auf dem das duale Rundfunksystem basiert.

Programme als Basis für politisches Marketing

Rundfunkprogramme finanzieren sich letztlich über Akzeptanz (zum Beispiel über die Aufmerksamkeit und Zuwendung des Publikums) und Konsens (zum Beispiel über das Wohlwollen der Politiker). Der Zielkonflikt zwischen Markt- und Programmorientierung läßt sich nicht aufheben, sondern nur mildern, indem versucht wird, Sendungen mit geringen Einschaltquoten weder in einem elitären Ghetto zu belassen noch unter dem Diktat der Reichweitenmaximierung zu streichen, sondern ihre Reichweiten zu optimieren, das heißt Programmkonzepte so zu verändern, daß die an Themen wie Politik, Wirtschaft und Kultur interessierten Publikumssegmente weitgehend ausgeschöpft werden.

Vergleichswerte sind dann nicht mehr Programme mit hohen Einschaltquoten, sondern das Publikumssegment, das für politische, wirtschaftliche oder kulturelle Themen ansprechbar ist. So gesehen können verhältnismäßig geringe Einschaltquoten bei Minderheitenprogrammen (= propos: der Begriff „Minderheit" trägt bereits den Ton des Abwertenden, Defensiven in sich!) durchaus bemerkenswerte Leistungen darstellen. Zum Beispiel bedeuten wenige Prozent Einschaltquote für einen kulturellen Beitrag in einem Dritten Fernsehprogramm in absoluten Zahlen immerhin noch ein Publikum von Hunderttausenden, das die Besucherzahlen entsprechender Veranstaltungen „vor Ort" weit hinter sich läßt.

Eine öffentliche Diskussion über die grundsätzlichen Unterschiede in den Programmkonzepten und im Selbstverständnis von Rundfunkunternehmen könnte – insbesondere wenn sie offensiv diskutiert wird – Hörern und Zuschauern helfen, Leistungen von Rundfunkunternehmen zu bewerten und gegebenenfalls eine Gebührenfinanzierung langfristig zu verstehen.

Meine These ist: Rundfunkprogramme finanzieren sich über die Akzeptanz ihrer Programmangebote und über Konsens hinsichtlich der Programmziele[3]. Damit ist zunächst der politische Prozeß der Konsensfindung über Modus und Höhe der Rundfunkfinanzierung gemeint, der vor allem die Kosten von Programmen berücksichtigt. Die Art und Bewertung von Programmleistungen ist in der politischen Diskussion über Rundfunkfinanzierung unterrepräsentiert, könnte aber langfristig die gesellschaftspolitische Legitimation von Rundfunkunternehmen stärken.

Programme sind nicht nur Basis für ein wirtschaftliches, sondern auch politisches Marketing. Philip Kotler[4] fordert zum Beispiel als neue strategische Denkweise für Unternehmen generell ein gesellschaftspolitisches Marketing oder wie er es nennt „Megamarketing". Übertragen auf die Besonderheiten von Rundfunkunternehmen bedeutet dies, nicht nur die Zustimmung des Publikums und der Werbewirtschaft zu beachten, sondern vor allem derjenigen, die Einfluß auf den wirtschaftlichen und publizistischen Wettbewerb haben: Politiker, Aufsichtsgremien, Behörden, Verbände, aber auch die Programmgestalter selbst und die Redaktionen.

Die knappe Ressource Konsens – Konsens über die Ziele von Rundfunkunternehmen – entscheidet letztlich über den internen und externen unternehmerischen Handlungsspielraum, vor allem über die Effizienz der praktischen Umsetzung von Unternehmenskonzepten. Die Existenz einer – auch noch so guten – Abteilung für Unternehmensplanung oder ein gutes Marketingkonzept sind noch lange keine Gewähr, daß eine marktorientierte Programmpolitik auch erfolgreich realisiert wird. Notwendig ist ein aus Überzeugung gespeistes Marketing-Denken in allen Bereichen der Rundfunkunternehmen und insbesondere bei Zielfindungs- und Planungsprozessen – ein Zusammenwirken bislang eher getrennter Bereiche.

Marketing-Denken und Konsens über die Unternehmenspolitik lassen sich nicht erzwingen. Programmgestalter und Journalisten müssen von der Richtigkeit eines eingeschlagenen Weges überzeugt sein. Schließlich ändern sich die Determinanten ihrer Arbeit zum Teil gravierend. Auf sie kommen Managementaufgaben, Mitarbeit bei Zielfindungs-, Planungs- und Umsetzungsprozessen sowie eine Art Ergebnisverantwortung zu. Diese Entwicklungen verändern nicht nur Qualifikationsprofile und Berufsbilder im Rundfunkjournalismus, sondern stellen das Selbst- und Berufsverständnis auf die Probe.

Motivation und Kreativität wird man von Programm-Machern nur erwarten können, wenn sie diesen Wandel bewältigen und die konkrete Politik ihres Unternehmens aktiv mittragen. Eine intensive interne Kommunikation und Partizipation sind Voraussetzungen, auch Marktanteile im Bereich der Überzeugungen und Emotionen zu gewinnen. Unbewältigte „Dissonanzen" kosten nicht nur Zeit und Geld, sondern gefährden letztlich die Effizienz von Marketingkonzepten.

Zusammenfassung

Qualität und Vielfalt der Programmleistungen sind Erfolgsfaktoren für Rundfunkunternehmen. Programme finden auch auf enger werdenden Märkten dann Zuschauer und Hörer, wenn sie andere (zusätzliche) oder deutlich bessere Programmleistungen anbieten als ihre gedruckten und elektronischen Konkurrenten. Die Qualität der Programmpolitik von Rundfunkunternehmen ist jedoch eine konsensuale Größe, nicht ein objektiver Standard, der kodifiziert, gemessen oder gar erzwungen werden kann. In einen Qualitätsindex von Rundfunkprogrammen können einfließen

- Leistungen von Programmen (zum Beispiel Exklusivität, Eigenanteil, Varianz der Präsentationsformen, Aktualität und Verständlichkeit, gemessen von der Medienforschung);
- grobe Schätzungen der Programmgestalter und Redakteure, wie sie ihr eigenes Programm mit Blick auf das Angebot der Konkurrenz bewerten sowie
- Präferenzen und Wertungen von Zuschauern und Hörern (quantitative und vor allem qualitative Daten über Wünsche, Bedürfnisse, Motive und Einflüsse auf das Medienverhalten).

Gerade das öffentlich-rechtliche Rundfunksystem muß auf breiter Front seine Programmleistungen (im Sinne von „besser als die Konkurrenz" oder „von der Konkurrenz nicht/kaum angeboten") als Wettbewerbsfaktor thematisieren, denn sie sind ein Grundpfeiler, auf dem das duale Rundfunksystem basiert.

Das Programm ist zur Voraussetzung für politisches Marketing geworden. Rundfunkprogramme finanzieren sich letztlich über die Aufmerksamkeit und Zuwendung des Publikums und das Wohlwollen der Politiker. Medienpolitische und technische Entscheidungen definieren jedoch weitgehend die jeweiligen Wettbewerbsbedingungen. Inkongruenzen zum Beispiel zwischen Kommunikationsräumen und Rundfunk-Verbreitungsgebieten, marktunabhängige Grenzziehungen[5] oder Auflagen für Programme produzieren zusätzlichen Finanzbedarf und schaffen zudem Akzeptanzprobleme bei Hörern und Zuschauern. Dennoch sind vor allem Art und Bewertung von Programmleistungen Hauptargumente im politischen Prozeß der Konsensfindung über Finanzierungsmodus und -höhe von Rundfunkunternehmen. Rundfunkanbieter stehen daher unter einem wirtschaftlichen, sozialen und/oder politischen Legitimationsdruck. Der Nachweis ihrer Programmleistungen und -defizite kann in die Diskussion über Legitimitätstheorien und die Realisierung medienpolitischer Leitideen einfließen.

Die knappen Ressourcen Zeit, Innovation und Konsens entscheiden über den Erfolg von Rundfunkprogrammen. Von ihrer marktgerechten und durchgängigen Bewirtschaftung hängt der Handlungsspielraum von Rundfunkanbietern ab. „Zeit" ist zu sehen als Faktor der Programminhalte, der Produktion und der Nutzung durch das jeweilige Publikum. „Innovation" ist ein Faktor der Beschaffungsmärkte, der Märkte für Produktionsfaktoren und Absatzmärkte verbunden mit dem Zwang zur ständigen Programm- und Prozeßinnovation. „Konsens" als Faktor entscheidet über den finanziellen, publizistischen und unternehmerischen Handlungsspielraum von Rundfunkunternehmen und dessen Planbarkeit.

Gute Programme sind eine Grundlage, nicht aber ein Garant für Markterfolg. Wer mit Programmen erfolgreich Publikumssegmente erobern, bedienen und halten will, muß mehr tun als nur gute Programme anbieten. Effizientes Marketing für Rundfunkunternehmen konzentriert sich auf verschiedene Bereiche (zum Beispiel Personalpolitik, Führungsverhalten, Medienforschung).

Profil gewinnt ein Rundfunkprogramm durch journalistische Leistungen und die Personen, die es gestalten und präsentieren. Die Determinanten für die moderne Programmgestaltung und den Rundfunkjournalismus ändern sich gravierend. Von den Ausbildungsinstitutionen und dem Rundfunkmanagement hängt die „Ausstattung" des Journalismus und sein Stellenwert in der Unternehmenspolitik ab. Managementaufgaben, Partizipation bei Zielfindungs-, Planungs- und Umsetzungsprozessen, Marketing-Denken sowie eine zuordenbare Ergebnisverantwortung verändern Qualifikationsprofile und Berufsbilder im Rundfunkjournalismus.

Anmerkungen

1 Institut für wirtschaftspolitische Forschung e.V. Frankfurt (Hrsg.): Mehr Markt in Hörfunk und Fernsehen. Veröffentlicht in: Medienspiegel, 14. Jg. Nr. 1 vom 1. Januar 1990, S. I – XX.

2 European Society for Opinion and Marketing in Research (E.S.O.M.A.R.) (Hrsg.): The Quality of Media Information: How to Make Better Use of Media in a Time of Rapid Change. Copenhagen, April 1990.
Broadcasting Research Unit (BRU) (Hrsg.): Quality in Television. Programmes, Programme-Makers, Systems. London/Paris: John Libbey & Company Ltd. 1989.

3 Vgl. Claudia Mast: Marketing für Massenmedien. Nachholbedarf bei Medienunternehmen und -wissenschaft. In: Walter A. Mahle (Hrsg.): Intermediärer Wettbewerb nach dem Ende des öffentlich-rechtlichen Monopols. Berlin: Volker Spiess 1988, S. 173 – 182.

4 Vgl. Harvard manager: Marketing. Bd. 1 – 3, Hamburg: manager magazin Verlagsgesellschaft mbH 1990.

5 Vgl. Claudia Mast: Medienmärkte – grenzenlos? Chancen und Risiken transnationaler Medienangebote. In: Walter A. Mahle (Hrsg.): Medien in Deutschland. Nationale und internationale Perspektiven, München 1990 (= AKM-Studien Band 32), S. 39 – 53.

Hans-Joachim Lehmann

Instrumente zur Finanzierung neuer Programme unter veränderten technischen Voraussetzungen

Bevor bei diesem Thema auf den Finanzierungsaspekt eingegangen wird, muß geklärt werden, welche neuen Programme unter welchen veränderten technischen Voraussetzungen finanziert werden sollen.

Die seit Anfang der 80er Jahre veränderten technischen Voraussetzungen für neue Programme betreffen im wesentlichen neue Wege der Programmverteilung. Wo bis dahin die Distribution von Programmen allein terrestrisch möglich war, stehen dafür nunmehr neue technische Möglichkeiten der Programmverteilung über Fernmeldesatelliten mit Einspeisung in Kabelnetze sowie – wenn bisher auch begrenzt – für den Direktempfang per Direct Broadcasting-Satelliten zur Verfügung. Erst diese neuen Verteilungswege, insbesondere von Fernseh-, aber zukünftig auch von Hörfunkprogrammen in digitalisierter Form, haben das duale Rundfunksystem mit dem Nebeneinander von Angeboten öffentlich-rechtlicher Anstalten einerseits und privaten Rundfunkveranstaltern andererseits ermöglicht, während bis dahin – auch wegen der technischen Beschränkungen der Programmverteilung – eine Trennung von Presse als privatwirtschaftlicher Aufgabe und Rundfunk als öffentlich-rechtlicher Aufgabe gegeben war.

Im Zuge der daraus resultierenden medienpolitischen Entwicklung, das heißt dem Hinzutreten privater Rundfunkveranstalter, haben Art und Weise der Programmdistribution und damit insbesondere die Entwicklung technischer Reichweiten zunehmend erhöhte Bedeutung gewonnen. In diesem Zusammenhang ist vor allem der von der Deutschen Bundespost rasch vorangetriebene Ausbau der Kabelnetze sowie die Entwicklung direkter Programmzuführungssysteme neben den Fernmeldesatelliten zu sehen. Auch die intensiven Bemühungen der Deutschen Bundespost, laufend mehr low-power-Frequenzen für die terrestrische Verbreitung von privaten TV-Programmen auszuweisen, gehört in diesen Zusammenhang.

Für das durch die neuen technischen Möglichkeiten der Programmverteilung und die damit einhergehende Veranstaltung von neuen Programmen entstandene duale Rundfunksystem hat der Gesetzgeber in Ausgestaltung seines politischen Willens mit dem Staatsvertrag zur Neuordnung des Rundfunkwesens von 1987 die rechtlichen Grundlagen geschaffen, die Eckpfeiler für die Tätigkeit der öffentlich-rechtlichen Rundfunkanstalten sind. Für das System des öffentlich-rechtlichen Rundfunks sind mit diesem Staatsvertrag nicht nur die möglichen neuen Programme genannt, sondern auch die technischen Voraussetzungen, unter denen die neuen Programme stattfinden können und schließlich auch die Finanzierungsquellen dieser neuen Programme.

Im einzelnen ist danach folgendes festzustellen:

Den öffentlich-rechtlichen Rundfunkanstalten der Bundesrepublik Deutschland, nämlich dem ZDF und den in der ARD zusammengeschlossenen Landesrundfunkanstalten, ist mit Art. 1 des Rundfunkstaatsvertrags je ein Fernseh-Satellitenkanal als neuer technischer Verteilerweg von Programmen zugewiesen worden. Gleichzeitig ist dort festgelegt, daß jeweils durch Landesgesetz bestimmte digitale neue Hörfunkprogramme über einen weiteren Satellitenkanal verbreitet werden können, wobei zur Zeit allerdings noch keine ganztägige Ausstrahlung digitalen Hörfunks über Satellitenkanal möglich ist.

In Art. 2 regelt der Rundfunkstaatsvertrag die Art der von den öffentlich-rechtlichen Rundfunkanstalten zusätzlich zu verbreitenden Fernsehprogramme. So sind die in der ARD zusammengeschlossenen Landesrundfunkanstalten nicht nur ermächtigt, sondern auch verpflichtet, über Satelliten ein zusätzliches Fernsehprogramm mit kulturellem Schwerpunkt zu veranstalten. In diesem Rahmen wird – wie bekannt – das Satelliten-Kulturprogramm EINS PLUS ausgestrahlt. Im gleichen Rahmen strahlt das ZDF sein 3-SAT-Programm aus. Darüber hinaus können sich die Landesrundfunkanstalten der ARD und das ZDF an einem weiteren von europäischen Rundfunkveranstaltern ausgestrahlten Fernsehprogramm beteiligen. Hier sind beide Systeme inzwischen aufgrund einer Vereinbarung zwischen Bundeskanzler Kohl und Staatspräsident Mitterrand ergänzend verpflichtet, zunächst zusammen mit La Sept einen Europäischen Kulturkanal programmlich zu konzipieren und auszustrahlen. Weitere neue bundesweit zu verbreitende gemeinsame Fernsehprogramme sind nur auf der Grundlage besonderer staatsvertraglicher Vereinbarungen aller Länder zulässig.

Die Finanzierung der neuen über Satelliten auszustrahlenden Programme mit kulturellem Schwerpunkt gemäß Art. 2, Satz 1 und 2, des Europäischen Kulturkanals gemäß Art. 2, Satz 4 sowie der nach Landesgesetz jeweils bestimmten digitalen Hörfunkprogramme ist nachfolgend in Art. 3 des Rundfunkstaatsvertrags geregelt. Danach bleiben sowohl für die wettbewerbsfähige Fortführung der bestehenden Hörfunk- und Fernsehprogramme als auch für die neuen Programme die bisherigen beiden wesentlichen Finanzierungsquellen der öffentlich-rechtlichen Rundfunkanstalten, nämlich Gebührenerträge und Werbeerträge, auch weiterhin maßgeblich, und zwar sowohl für die Programmbeschaffung als auch für deren Verbreitung, das heißt zur Finanzierung der Kosten der neuen Programme selbst und der Kosten der neuen technischen Übertragungswege.

Die damit grundsätzlich weiterbestehende rundfunkstaatsvertragliche Beschränkung der Finanzierung des öffentlich-rechtlichen Rundfunks erlaubt im wesentlichen keine neuen Instrumente der Finanzierung, sondern bedeutet vielmehr, daß die bisherigen Hauptfinanzierungsquellen neu zu instrumentieren sind. Diesem Aspekt tragen die in Art. 4 des Rundfunkstaatsvertrages enthaltenen Regelungen zur Feststellung des Finanzbedarfs des öffentlich-rechtlichen Rundfunks Rechnung. Danach soll zur Ermittlung des Finanzbedarfs aus Gebühren unter Berücksichtigung des bisherigen Verfahrens ein hoher Grad der Objektivierbarkeit erreicht werden. Diese staatsvertragliche Regelung sieht insbesondere vor, daß der Ermittlung des Finanzbedarfs zugrunde zu legen ist sowohl die wettbewerbsfähige Fortführung der bestehenden Hörfunk- und Fernsehprogramme als auch der durch Landesgesetz jeweils bestimmten neuen Hörfunkprogramme und der schon o. g. Fernseh-Satellitenprogramme, ebenso die Teilhabe an den neuen rundfunktechnischen Möglichkeiten. Zu nennen sind hier die Finanzierung der erhöhten Aufwendungen durch die neuen technischen Verteilwege von Programmen als auch technische Verbesserungen der Übertragungsstandards, wie zum Beispiel durch HDTV oder durch die Digitalisierungstechnik im Hörfunk.

Als Kriterium der Ermittlung des Finanzbedarfs sind in Art. 4 des Rundfunkstaatsvertrags neben der allgemeinen Kostenentwicklung die besondere Kostenentwicklung im Medienbereich sowie die Entwicklung der Werbeeinnahmen und der sonstigen Einnahmen genannt. Damit sind neben dem Weg zur Feststellung des notwendigen Finanzbedarfs für die schon bestehenden auch die Grundlagen der Finanzierung zukünftiger Progammaufgaben aufgezeigt.

Mit der besonderen Kostenentwicklung im Medienbereich befaßt sich inzwischen eine eigens von der KEF eingesetzte Arbeitsgruppe. Erste Überlegungen und Untersuchungen gehen dahin, einen medienspezifischen Warenkorb zu bilden, der es erlaubt, unter Eliminierung von Mengen- und Strukturveränderungen im wesentlichen die spezifischen Kostenentwicklungen im Bereich der öffentlich-rechtlichen Rundfunkanstalten anhand der einschlägigen Aufwandsarten zu bestimmen.

Grundlagen des Warenkorbs werden die von den Rundfunkanstalten eingesetzten Güter und Dienstleistungen sein, gewichtet nach ihrem Anteil an den Gesamtaufwendungen. Dabei wird man sich zur Erzielung erster Ergebnisse im Hinblick auf die anstehende Fortschreibung der mittelfristigen Finanzvorschau, die Basis für eine Gebührenempfehlung im Achten Bericht der KEF sein wird, zunächst auf einige wesentliche und für die medienspezifische Kostenentwicklung signifikante Aufwandsbereiche beschränken müssen. In Anbetracht der grundsätzlichen Bedeutung der besonderen Kostenentwicklung im Medienbereich für die weitere Objektivierung des Verfahrens zur Finanzbedarfsermittlung werden aber kurzfristig kaum generell brauchbare Ergebnisse zu erwarten sein, wie sie mit Blick auf die Zukunft nicht nur von den öffentlich-rechtlichen Rundfunkanstalten selbst, sondern auch von der KEF als notwendig erachtet werden.

Auch bleibt abzuwarten, in welcher Weise die nachgewiesenen besonderen Kostenentwicklungen im Medienbereich in Indexzahlen umgesetzt werden können, die für die Objektivierung und Vereinfachung zukünftiger Feststellungsverfahren des Finanzbedarfs brauchbar sind. Weitergehende Aussagen zum Verfahren lassen sich derzeit noch nicht machen.

Zur Sicherung der Werbeeinnahmen als Mitfinanzierungsmittel der öffentlich-rechtlichen Rundfunkanstalten ist in Art. 5 des Rundfunkstaatsvertrags eine Konkretisierung dergestalt enthalten, daß die Ministerpräsidenten der Länder Änderungen der Gesamtdauer der Werbung, der tageszeitlichen Begrenzung und der Plazierung der Werbung im öffentlich-rechtlichen Rundfunk vereinbaren können, sofern zu erwarten ist, daß die daraus zu erzielenden Erträge gegenüber dem Ergebnis des Vorjahres einnahmenneutral sind. Dies bedeutet, daß für eine Änderung des Werbeumfangs und deren zeitlicher Plazierung unter diesen Voraussetzungen nicht unbedingt eine neue staatsvertragliche Regelung notwendig, sondern lediglich ein einheitlicher Beschluß der Ministerpräsidenten erforderlich ist.

Im letzten Jahr ist als Ergebnis des Wettbewerbs mit privaten Rundfunkveranstaltern auf dem Werbemarkt bereits ein empfindlicher Rückgang der Einnahmen aus Werbung der öffentlich-rechtlichen Rundfunkanstalten zu verzeichnen, der sich im Verlauf dieses Jahres weiter, und zwar für einzelne Rundfunkanstalten dramatisch, verstärkt hat. Da damit eine der staatsvertraglich gewollten Säulen der Finanzierung des öffentlich-rechtlichen Rundfunks der Höhe nach nicht nur gefährdet, sondern zunehmend eingeschränkt wird, ist ein akuter Handlungsbedarf in Richtung einer Ausdehnung der Werbezeiten sowie einer Aufhebung der 20.00 Uhr-Grenze gegeben. Dies ist seitens der ARD auch bereits in einem Memorandum zur Änderung des Rundfunkstaatsvertrages dargelegt worden. Ohne der weiteren Behandlung dieser Frage unter Anhörung von Sachverständigen – wie vorgesehen – vorgreifen zu wollen, läßt sich nach derzeitigem Erkenntnisstand dazu jedoch folgendes sagen: Bei der Betrachtung der bisherigen Entwicklung einerseits und der Antizipierung möglicher Veränderungen des Werbeumfangs und der Werbezeiten der öffentlich-rechtlichen Anstalten andererseits wird deutlich, daß es auch bei einer Liberalisierung der Werbezeiten keinesfalls zu Erhöhungen der Werbeeinnahmen und kaum zu einem vollkommenen Ausgleich des zu erwartenden Einnahmeverfalls kommen wird. Eher ist zu erwarten, daß auf diese Weise der zunehmende Einnahmeverfall zumindest begrenzt werden kann.

In diesem Zusammenhang ist auch die in Art. 5 des Rundfunkstaatsvertrags genannte Möglichkeit der Zulassung von Werbung an Sonn- und Feiertagen unter der Voraussetzung der Einnahmenneutralität zu sehen. Unter dem Vorbehalt der Einnahmenneutralität steht auch der in einer Protokollnotiz zum Rundfunkstaatsvertrag enthaltene Hinweis zur möglichen Werbung in digitalen Hörfunkprogrammen. In beiden Fällen wird eine zusätzliche Finanzierung ausgeschlossen. Festzuhalten ist dabei, daß die Kompensation geringer werdender Werbeeinnahmen durch andere werbetragende Aktivitäten für die öffentlich-rechtlichen Anstalten bezogen auf Sponsoring nur sehr eingeschränkt möglich und bezogen auf Product Placement verboten ist.

Bezogen auf das Sponsoring, vor allem auf das sogenannte Kultursponsoring, ist allerdings mit einer Liberalisierung zu rechnen. Im Zuge einer Ergänzung des Rundfunkstaatsvertrages ist im Rahmen des bereits genannten ARD-Memorandums dementsprechend auch eine Lockerung im Sinne einer klareren Regelung gefordert worden. Auch in der anstehenden zwischenstaatlichen Vereinbarung der Bundesrepublik und Frankreich zum Europäischen Kulturkanal ist eine entsprechende Regelung vorgesehen.

Neben der Berücksichtigung der Werbeeinnahmen bezieht Art. 4, Abs. 2, Ziff. 4 des Staatsvertrages zur Feststellung des Finanzbedarfs der öffentlich-rechtlichen Rundfunkanstalten auch die Entwicklung der „Sonstigen Einnahmen“ mit ein. Dabei handelt es sich um die als sogenannte Randnutzung den Rundfunkanstalten gegebenen Möglichkeiten, innerhalb der Grenzen ihrer gesetzlichen Tätigkeit auf privatrechtlicher Ebene wirtschaftliche Hilfs- sowie Verwertungsgeschäfte zu betreiben. In Frage kommen hier die Programmverwertung der eigenen Produktionen, die entgeltliche Erlaubnis zur Mitbenutzung der eigenen Senderstandorte durch die Bundespost oder durch Dritte, die Kooperation mit Privaten in bezug auf die Vermietung produktionstechnischer Kapazitäten, die entgeltliche Abgabe von Bild- und Tonsignalen oder Merchandising programmbezogener Produkte, um die hier wesentlichen Tätigkeitsfelder zu nennen. In der Vergangenheit hat sich allerdings gezeigt, daß alle diese Aktivitäten nur einen sehr geringen Anteil an den Erträgen der öffentlich-rechtlichen Rundfunkanstalten haben; er liegt teilweise unter einem Prozent der Gesamterträge.

Verstärkte Bedeutung kann in diesem Zusammenhang einer zusätzlichen Gebühreneinnahme durch Pay-TV zukommen. Diese Art der Programmdistribution gegen Einzelentgelt ist im Rundfunkstaatsvertrag bisher für den öffentlich-rechtlichen Rundfunk nicht explizit geregelt. Aus den in Art. 7, Abs. 2 des Rundfunkstaatsvertrags als Finanzierungsquelle privater Veranstalter neben der Werbung genannten Entgelten könnte geschlossen werden, daß diese Möglichkeit der Einnahmenerzielung privaten Programmveranstaltern vorbehalten bleiben soll. So hat auch das Bundesverfassungsgericht im 5. Rundfunkurteil eine entsprechende gesetzliche Regelung im baden-württembergischen Landesmediengesetz für verfassungskonform erachtet. Gleichwohl hat es aber auch erwähnt, daß die Möglichkeit dieser Form der Finanzierung auch für Spartenprogramme öffentlich-rechtlicher Anstalten zugänglich sein müßte, sofern sich diese Programme nicht aus den verfügbaren Mitteln finanzieren lassen oder deren Finanzierung nicht auf andere Weise sichergestellt werden kann.

Im übrigen gab es bereits im öffentlich-rechtlichen Rundfunk die Ausstrahlung von Programmen gegen Entgelt, also Pay-TV, und zwar im Kabelpilotprojekt Dortmund. Dort wurden über Kabelnetze spezielle spartenbezogene Programme gegen Entgelt ausgestrahlt. Da ein Ergebnisbericht dazu bisher nicht veröffentlicht wurde, kann hier allerdings keine Aussage über die Akzeptanz dieses Programmteils und damit über das Verhältnis von Kosten zu Erträgen gemacht werden.

Festzuhalten bleibt, daß es unter Berücksichtigung der möglichen Notwendigkeit einer zusätzlichen Ausstrahlung von Spartenprogrammen in der weiteren Zukunft notwendig erscheint, diesen Finanzierungsbereich offen zu halten. Die Option zusätzlicher Gebühreneinnahmen gerade von denjenigen, die im Rahmen einer differenzierten Interessenabdeckung außerhalb des normalen öffentlich-rechtlichen Programmangebots ein spezielles spartenbezogenes Programmangebot für sich nutzen wollen, muß für die Zukunft offen sein. Dies muß insbesondere dann gelten, wenn diese neuen Spartenprogramme gemäß Art. 2, Abs. 5 des Rundfunkstaatsvertrags auf der Grundlage besonderer staatsvertraglicher Vereinbarungen der Länder für zulässig erklärt werden. Gleichzeitig muß aber in diesem Zusammenhang auch ausgeschlossen sein, daß mit den Möglichkeiten von Pay-TV Minderheitenprogramme im Rahmen des öffentlich-rechtlichen Auftrags nicht mehr von der Gesamtheit der Gebührenzahler finanziert werden.

Abschließend bleibt festzustellen:

Der integrierte Einsatz neuer Technologien der Programmverteilung weist hinsichtlich der finanziellen Planungen der öffentlich-rechtlichen Rundfunkanstalten in folgende Richtung:

- Der Finanzbedarf für technische und programmliche Innovationen, Weiterentwicklungen und Implementierungen steigt.

- Die Anforderungen an die wettbewerblichen Anpassungen in bezug auf Programmnachfrage und Nutzungsänderungen werden größer.

Sowohl die Präambel wie auch Art. 4 des Rundfunkstaatsvertrages legen fest, daß der öffentlich-rechtliche Rundfunk nicht nur an allen rundfunktechnischen Möglichkeiten teilhaben soll, sondern auch in den Stand zu setzen ist, alle bestehenden sowie die vom Gesetzgeber zusätzlich auferlegten, gewünschten und ermöglichten neuen Hörfunk- und Fernsehprogramme unter wettbewerbsfähigen Bedingungen zu gestatten. Dies ist bei der Ermittlung des Finanzbedarfs zu berücksichtigen.

Im Sinne der Bestands- und Entwicklungsgarantie für den öffentlich-rechtlichen Rundfunk und damit zur Erhaltung der Wettbewerbsfähigkeit ist es erforderlich, bei der Ermittlung des Finanzbedarfs betriebswirtschaftliche Maßstäbe ebenso wie die bereits erwähnte rundfunkspezifische Kostenentwicklung zu berücksichtigen. Die Rundfunkanstalten sind dabei, hierfür geeignete Vorschläge zu entwickeln.

Kurzfristig ist die Erweiterung der Werbezeiten, der Wegfall der 20.00 Uhr-Grenze und die Einführung von Sonn- und Feiertagswerbung für die öffentlich-rechtlichen Anstalten notwendig, weil nur auf diese Weise eine angemessene Lösung der durch die Einbußen bei den Werbeeinnahmen zunehmend entstehenden Probleme der Gesamtfinanzierung erreichbar ist.

Zusammenfassende Thesen

1. Die erweiterten technischen Möglichkeiten für die Distribution von Programmen, gemeint ist hier die Verbreitung über Kabelnetze und Satellitenkanäle, haben die Voraussetzungen für die Abstrahlung zusätzlicher Hörfunk- und Fernsehprogramme geschaffen.
2. Mit dem Staatsvertrag über die Neuordnung des Rundfunkwesens von 1987 sind die Rahmenbedingungen für ein duales Rundfunksystem in der Bundesrepublik festgelegt, mit dem die bisherige Trennung nach privatrechtlicher Organisation der Print-Medien einerseits und öffentlich-rechtlicher Organisation der elektronischen Medien andererseits aufgegeben wurde.
3. In diesem Rahmen ist nunmehr festgelegt, inwieweit der öffentlich-rechtliche Rundfunk gegenüber dem Status quo ermächtigt und verpflichtet ist, zusätzliche Programme über Satelliten auszustrahlen, an welchen weiteren Programmaktivitäten ARD und ZDF sich beteiligen können und unter welchen Voraussetzungen die Verbreitung weiterer Programme zulässig ist.

4. Nach dem Rundfunkstaatsvertrag gilt unverändert, daß Rundfunkgebühren und Einnahmen aus Werbung die wesentlichen Finanzierungsquellen des öffentlich-rechtlichen Rundfunks sind.

5. Damit steht fest, daß keine neuen Instrumente zur Finanzierung der öffentlich-rechtlichen Rundfunkprogramme verfügbar sind. Vielmehr werden Möglichkeiten aufgezeigt, die bisherigen Hauptfinanzierungsquellen neu zu instrumentieren.

6. Für die Instrumentierung der Finanzierungsquelle Rundfunkgebühr sind klare Kriterien vorgegeben, die eine Chance zur Objektivierung der Ermittlung des Finanzbedarfs und damit zur Vereinfachung des Gebührenzuweisungsverfahrens beinhalten, u.a. erstmals die explizite Berücksichtigung der besonderen Kostenentwicklung im Medienbereich.

7. Bezogen auf die Finanzierungsquelle Werbung sind Möglichkeiten der Liberalisierung im Hinblick auf Umfang und Plazierung vorhanden, und zwar mit dem Ziel, den bisherigen unverzichtbaren Anteil der Einnahmen aus Werbung an der Gesamtfinanzierung zu sichern.

8. Darüber hinaus sind alternative Finanzierungsquellen bzw. -arten nicht erkennbar. Alle denkbaren und zum Teil schon praktizierten zusätzlichen Finanzierungsinstrumente wie Sponsoring, Audio- und Video-Programmverwertung, Merchandising u.a. haben aufgrund ihrer nur marginalen Größenordnung allenfalls eine additive Bedeutung.

9. Pay-TV als mögliche alternative Finanzierungsform für denkbare zukünftige Spartenprogramme ist staatsvertraglich bisher nicht geregelt, könnte aber für die weitere Zukunft eine interessante Option sein.

Werner Bayer

Kostenentwicklungen für Fernsehproduktionen im Medienmarkt der Zukunft

1. Einflußfaktoren und ihre Wechselbeziehungen auf die Produktionskosten

Die Entwicklung der Kosten von Hörfunk- und Fernsehproduktionen im Medienmarkt der Zukunft wird im wesentlichen von fünf Faktoren bestimmt (*Vgl. Abbildung 1)*:

- Dem Qualitäts- und Attraktivitäts-Wettbewerb, der sich zwischen den Fernsehgesellschaften vollzieht, vornehmlich zwischen den öffentlich-rechtlichen und privaten, mit einer eindeutig kostensteigernden Wirkung.
- Neue technologische Möglichkeiten, dazu gehören Satellitentechnik und die hochauflösende HDTV-Technik mit kostensteigerndem Einfluß, aber auch die Digitaltechnik mit der Chance zur Kostenreduzierung, vor allem wenn sie für die automatischen und halbautomatischen Abwicklungs-, Kontroll- und Steuerungsvorgänge der Produktion und Programmgestaltung konsequent genutzt wird.
- Der Organisationsgrad der dispositiven Produktionsmittel, das betrifft Personen, Geräte, Anlagen, Räume, Studios und dergleichen, wie sie für die Aufnahme, Ausstattung, Nachbearbeitung, aber auch für Konzeption und Distribution benötigt werden. Die Kostenentwicklung ist durch rundfunkinterne Entscheidungen beeinflußbar.
- Der zunehmenden Knappheit der kreativen Produktionsfaktoren wie geniale Personen mit Kreativität und Führungseigenschaften, aber auch Topschauspieler oder Ausschnittlizenzen, insgesamt mit eindeutig kostensteigernder Wirkung.
- Letztlich sind auch die begrenzten finanziellen Mittel als ein Faktor zu sehen, der in Verbindung mit einer gelegentlich sehr heftig geführten öffentlichen Diskussion einen Druck zur Kostenreduzierung bewirkt.

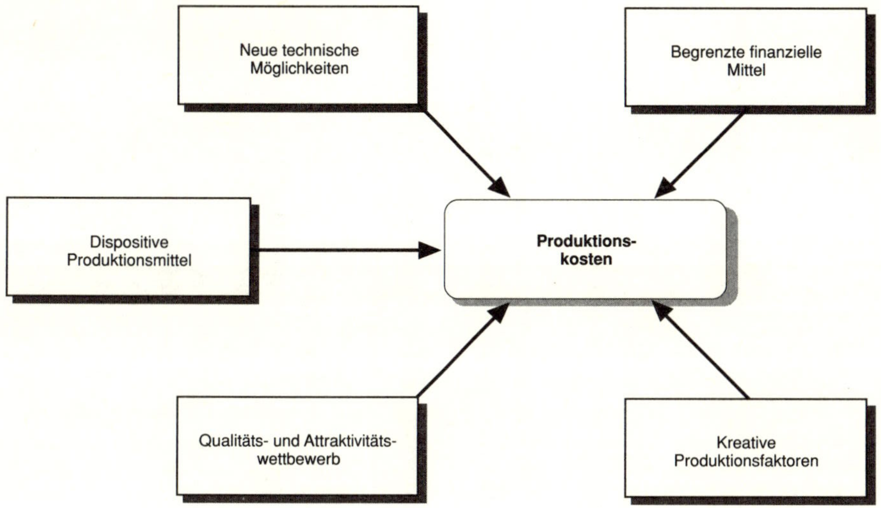

Abbildung 1: Faktoren der Kostenentwickung

Das alles sind Faktoren, die zum Teil sehr unterschiedlichen, auf dem Markt und in den Rundfunkanstalten wirkenden Kräften ausgesetzt sind, die auch untereinander in einer Wechselbeziehung stehen.

Abbildung 2 zeigt, welche Wechselwirkung zwischen den genannten Faktoren besteht, wobei gleichzeitig die Qualität beziehungsweise der zur Erreichung einer bestimmten Qualität notwendige Aufwand in die Betrachtung einbezogen ist.

2. Das MOQ-Diagramm als Orientierungsfeld

Ordnet man die Einflußfaktoren auf die Fernsehproduktionskosten nach dem Grad ihrer Beeinflußbarkeit durch die Rundfunkanstalten beziehungsweise den Produktionsbetrieb, so erhält man vier Felder.

Abbildung 3 zeigt diese Felder, und zwar:

- Das Marktfeld (M), in dem die Produktionskostenentwicklung durch Kräfte bestimmt wird, die außerhalb der Rundfunkanstalten liegen.
- Das Organisationsfeld (O), in dem die Produktionskosten durch den Organisationsgrad des Produktionsbetriebs bestimmt werden. Hier haben die Rundfunkanstalten gewisse Einflußmöglichkeiten auf die Produktionskosten.
- Das Qualitätsfeld (Q) als reines Entscheidungsfeld, in dem die Höhe der Produktionskosten durch die Wahl des Qualitätsstandards der Produktion und das Ausreizen der Ausführungsvarianten bestimmt wird.
- Schließlich das Nullfeld (N) als jener Bereich, in dem keine Produktion mehr möglich ist.

Im Marktfeld haben die Rundfunkanstalten keine Einflußmöglichkeit auf die Produktionskosten. Hier können die Rundfunkanstalten sich also nur anpassen. Wenn Rundfunkleute über die Entwicklung der Produktionskosten sprechen, haben sie meist dieses Feld im Auge.

Die Einflußmöglichkeit der Rundfunkanstalten im Organisationsfeld ist eindeutig gegeben – sie ist aber nicht übermäßig groß und nicht leicht realisierbar. Wenn Politiker über Kostenreduzierung in Rundfunkanstalten sprechen, ist fast immer dieses Feld gemeint.

Dagegen sind die Einflußmöglichkeiten im Q-Feld erheblich, wie im Rahmen der weiteren Ausführung noch deutlich wird. Von diesen Einflußmöglichkeiten auf die Produktionskosten durch Wahl des Qualitätsstandards wird nicht oder kaum gesprochen. Allerdings fehlen auch Rechenverfahren, die den Einfluß auf die Qualität und damit auf die Kosten transparent machen.

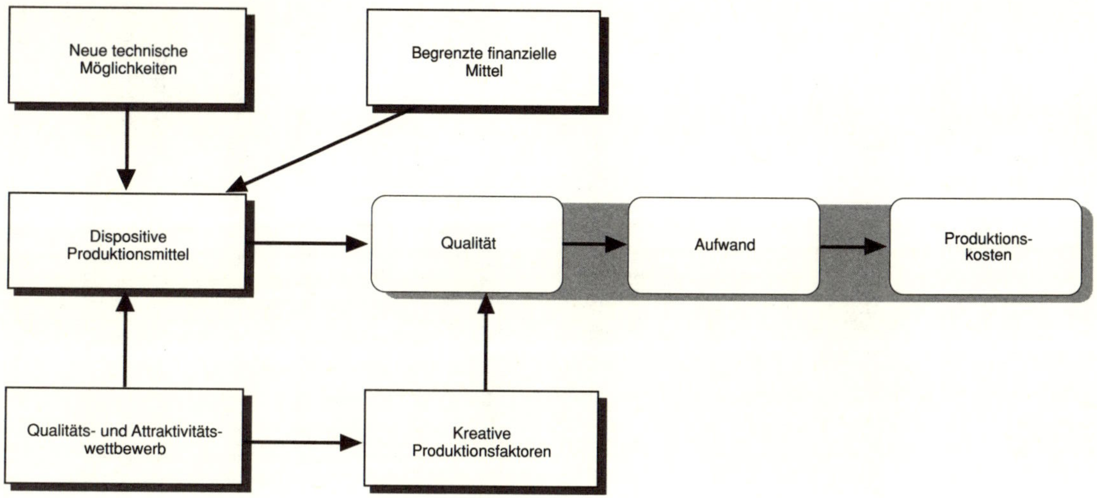

Abbildung 2: Faktoren der Kostenentwicklung und Qualität / Aufwand

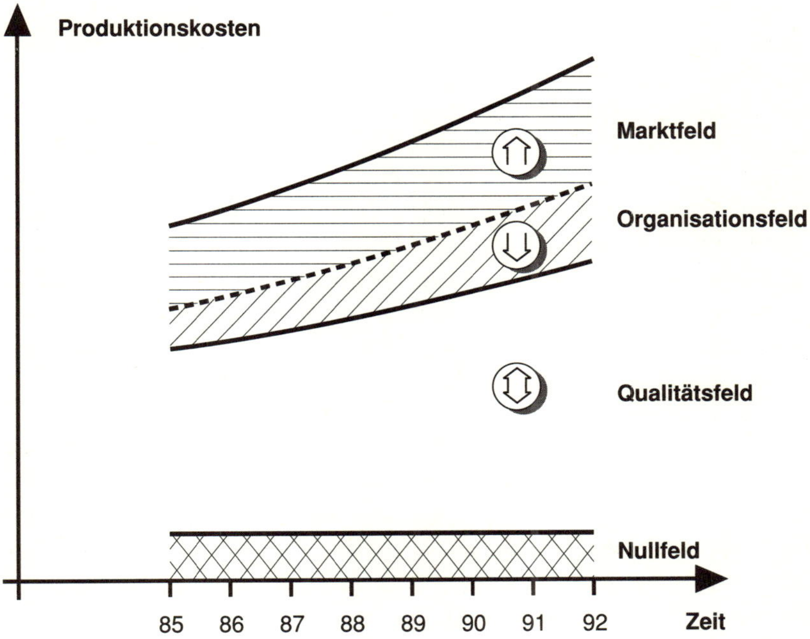

Abbildung 3: Das MOQ-Diagramm als Orientierungsfeld

Über methodische Ansätze zur Ermittlung des MOQ-Diagramms und damit für eine auf Transparenz angelegte Kostenplanung und -steuerung wird unter Ziffer 5 noch näher eingegangen. In Ziffer 3 wird zunächst am Beispiel der Produktionskostenentwicklung von ARD und ZDF deren Einordnung in das MOQ-Diagramm gezeigt.

3. Produktionskostenentwicklung bei ARD und ihre Einordnung in ein MOQ-Diagramm

Daß es bei der Produktionskostenentwicklung um keine eindeutig nach oben oder unten gerichtete Linie handelt, sondern um ein Handlungsspielraum bietendes Feld mit entsprechender Bandbreite, ist nicht neu. Im Siebten KEF-Bericht[1] findet sich – wie in *Abbildung 4* dargestellt – eine Grafik, welche die Entwicklung der Fernsehproduktionskosten der ARD-Anstalten und des ZDF wiedergibt. Obwohl es sich dabei um die Jahresmittelwerte der Produktionskosten für die Jahre 1983, 1985 und 1987 handelt, ist der Charakter der Bandbreite unschwer erkennbar. Greifen wir aus der *Abbildung 4* den Süddeutschen Rundfunk heraus und ergänzen den Mittelwert der Produktionskosten um die Produktionskosten der einzelnen Produktionen des Jahres 1983, so erhalten wir eine Punktwolke (*Abbildung 5*), die zum Teil über, zum Teil unter dem Mittelwert liegt.

Für den Bayerischen Rundfunk liegt der Mittelwert der Produktionskosten, wie der Vergleich mit *Abbildung 4* zeigt, bedeutend niedriger. Logischerweise hat die Verteilung der Produktionskosten der einzelnen Produktionen beim Bayerischen Rundfunk auch eine andere Form, was allerdings in *Abbildung 4* nicht sichtbar wird. Während beim Süddeutschen Rundfunk die Punktwolke der einzelnen Produktionen mehr im oberen Teil des Qualitätsfeldes liegt, konzentrieren sich die BR-Produktionen mehr im unteren Teil. Das bedeutet aber noch nicht, daß die Grenzen des Qualitätsfeldes des Bayerischen Rundfunks sich wesentlich von denen des Qualitätsfeldes des Süddeutschen Rundfunks unterscheiden. Die unterschiedlichen Mittelwerte der Produktionskosten von Süddeutschem Rundfunk und Bayerischem Rundfunk können eine Folge der Gegebenheiten des Produktionsbetriebes sein, es kann aber auch eine Frage der Qualitätsentscheidung für die einzelnen Produktionen, oder anders ausgedrückt, eine Frage des Produktionsmix der Programmgestaltung sein. Die vollständige Darstellung von Mittelwert, Punktwolke und Grenzen des Qualitätsfeldes für einen Produktionsbetrieb gibt letztlich Aufschluß über den Organisationsgrad des Produktionsbetriebes.

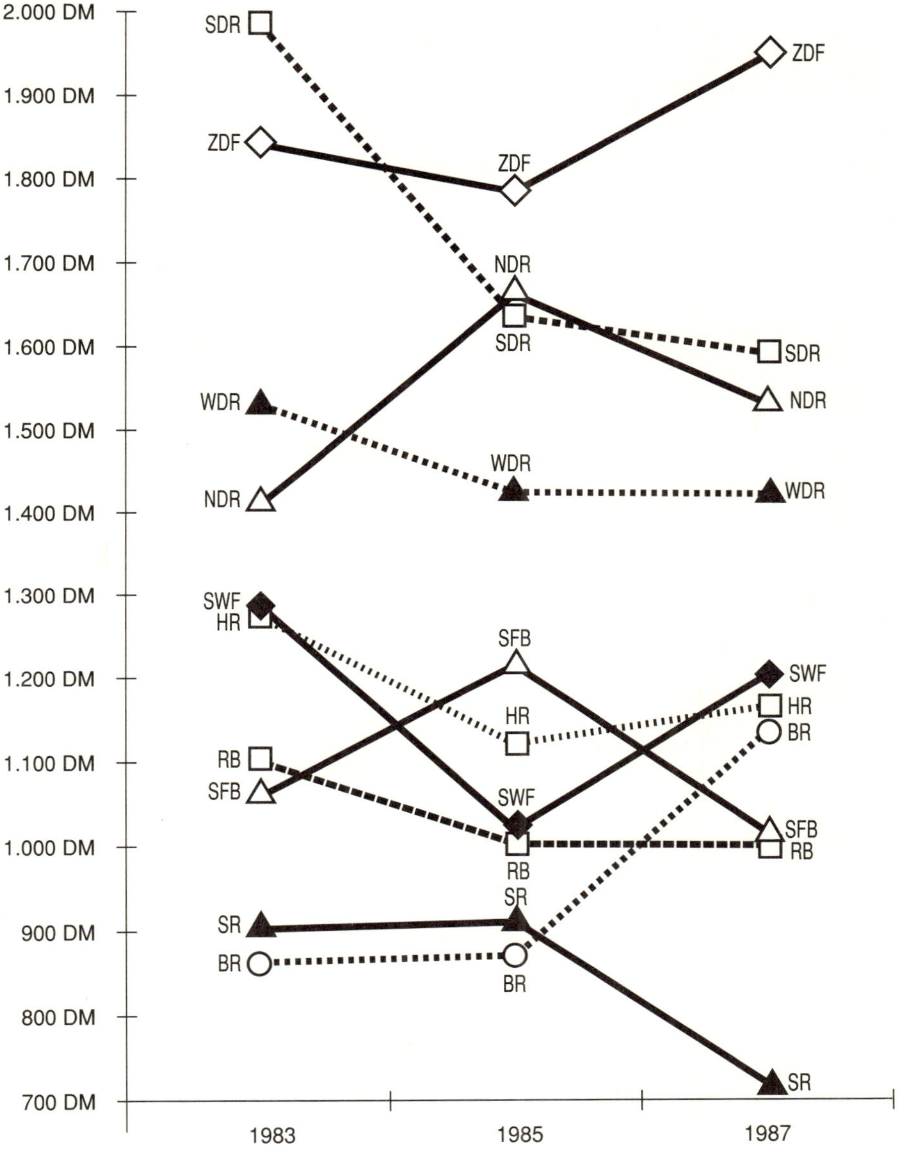

Abbildung 4: Entwicklung der durchschnittlichen Kosten je hergestellter Sendeminute bei den einzelnen Anstalten in den Jahren 1983, 1985 und 1987.

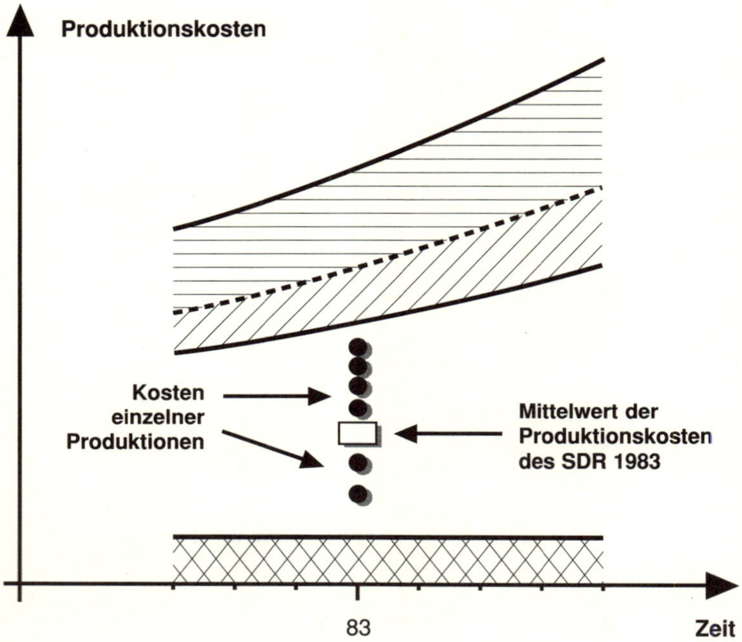

Abbildung 5: Positionierung der Fernseh-Produktionskosten des SDR

Bleiben wir zunächst beim Beispiel des Süddeutschen Rundfunks und vergleichen wir den Verlauf der Produktionskostenmittelwerte für 1983, 1985 und 1987.

Der deutlich nach unten gerichtete Trend in der ersten Darstellung von *Abbildung 6* sagt zunächst nichts darüber aus, ob die nach unten verlaufenden Kosten sich auf eine Veränderung des Organisationsgrades des Produktionsbetriebes zurückführen lassen (wie in der zweiten Darstellung von *Abbildung 6* angedeutet) oder ob die Punktwolke des Programm-Mix sich nach unten verlagert hat und eine größere Anzahl von Produktionen der unteren Aufwandskategorien zum Tragen gekommen ist wie in der dritten Darstellung von *Abbildung 6* zu sehen, der Organisationsgrad aber gleich geblieben ist.

In der Tat hat im fraglichen Zeitraum beim Süddeutschen Rundfunk beides stattgefunden. Zum einen wurden im Produktionsbereich organisatorische Veränderungen mit kostensenkendem Charakter durchgeführt, zum anderen wurde die Programmstruktur des 3. Programms neu gestaltet.

Hat man einmal die obere und untere Grenze des Qualitätsfeldes ermittelt (vergleiche hierzu auch Ziffer 5) so ist automatisch damit auch das Nullfeld und die untere Grenze des Organisationsfeldes bestimmt. Die Grenzlinie zwischen dem Marktfeld und dem Organisationsfeld entzieht sich ohnedies einer zuverlässigen quantifizierten Bestimmung. Hier kann nur die Delphi-Methode, das heißt eine Quantifizierung aufgrund von Expertenmeinung weiterhelfen.

4. Meßverfahren zur Bestimmung der Entwicklung der Produktionskosten in den Aktionsfeldern

Messung der Produktionskostenentwicklung aufgrund von Markteinflüssen

Zur Messung der Einflüsse auf die Produktionskosten des Marktes (Honorare für Regisseure und Topschauspieler, Personen mit besonderen Führungseigenschaften, Ausschnittlizenzen, Tariflöhne etc.) empfiehlt sich die Bildung eines „Fernseh-Produktionskosten-Index“. Zu bilden ist ein solcher Index ganz einfach durch die Festlegung eines charakteristischen Wägungsschemas für solche Produktionskosteneinflußfaktoren, deren Preise sich auf dem Markt bilden. Die regelmäßige Erfassung der Preisentwicklung für diese Faktoren und deren Fortschreibung in „Pendellisten“ bildet die Datenbasis, auf der wie in der Statistik üblich und allgemein bekannt, Preis- und Kostenindizes ermittelt werden. Ein solcher Fernseh-Produktionskostenindex könnte auch die Grundlage für die Fortschreibung der Fernsehgebühren bilden. Wichtig ist allerdings, daß keine Leistungen des Organisationsfeldes in den Fernseh-Produktionskostenindex einfließen.

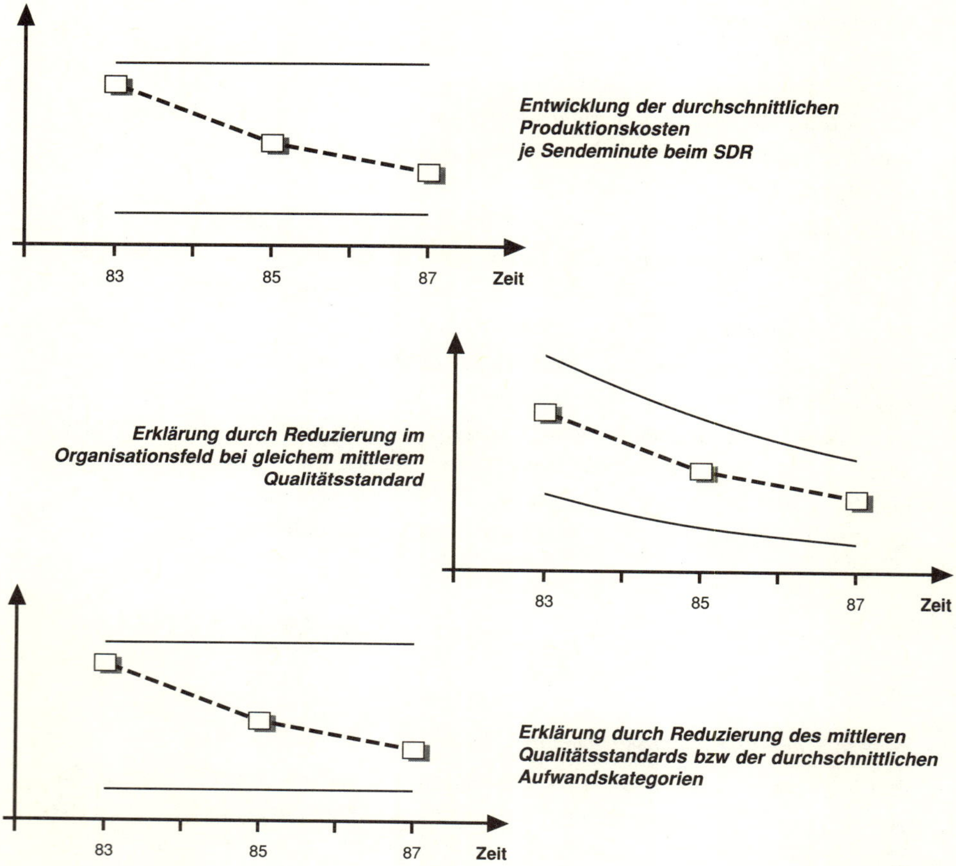

Abbildung 6: Entwicklung der Fernseh-Produktionskosten des SDR

Wäre dies nicht sichergestellt, so würde das Bemühen um eine Verbesserung des Organisationsgrades quasi bestraft werden.

Bemühungen zur Kostenreduzierung im Qualitätsfeld schlagen dagegen auf keinen Fall auf einen solchen Index durch. Es sei denn, daß diese die Auslastung des Produktionsapparates berühren und somit eine Veränderung des Organisationsgrades zur Folge hätte.

Messung des Organisationsgrades als Kosteneinfluß auf die Produktionskosten

Für die Messung des Organisationsgrades empfiehlt sich weniger die Bildung eines Organisationskoeffizienten als vielmehr die Bestimmung des oberen und unteren Grenzwertes des Qualitätsfeldes, wie dies in *Abbildung 6* zweite und dritte Darstellung zum Ausdruck kommt. Zur praktischen Bestimmung dieser Grenzwerte kann eine Formel in der für den jeweiligen Produktionsbetrieb gültigen Form zur Bestimmung der „direkten Produktionskosten" und „anteiligen Betriebskosten" verwendet werden (siehe die Formel im nächsten Abschnitt). Der obere Grenzwert wird erhalten, wenn für Aufnahme, Ausstattung und Nachbearbeitung jeweils die höchsten Aufwandskategorien eingesetzt werden (Tabelle der Aufwandskategorie, *Abbildung 7*). Den unteren Grenzwert erhält man, indem man die niedrigsten Aufwandskategorien einsetzt.
Die Fortschreibung dieser Grenzwerte über mehrere Jahre dokumentiert die Entwicklung des Organisationsgrades des betreffenden Produktionsbetriebes. Diese Darstellungsweise eignet sich auch für den „Betriebsvergleich" zweier unterschiedlicher Produktionsbetriebe.

Messung des Einflusses von Qualität und Aufwand auf die Produktionskosten

Im Auftrag und in Zusammenarbeit mit dem Süddeutschen Rundfunk wurde 1987 und 1988 eine Studie[2] durchgeführt, bei der 44 Fernsehproduktionen näher untersucht wurden, um über statistisch-mathematische Verfahren zwei konkrete Berechnungsformeln für die Produktionskosten zu ermitteln. Als Zielgröße für die Produktionskosten wurden die beeinflußbaren Kosten, bestehend aus den direkten Kosten und aus den anteiligen Betriebskosten gewählt.

Die erste Formel basiert auf fünf Einflußgrößen, die bereits in einem frühen Planungsstadium bekannt sind beziehungsweise fixiert werden können. Die Formel hat die Form:

Produktionskosten =

a1 x Sendelänge +
a2 x Produktionsart +
a3 x Aufnahmekategorie +
a4 x Ausstattungskategorie +
a5 x Nachbearbeitungskategorie

Jede der drei Aufwandskategorien ist in sechs Stufen unterteilt und jeweils für Filmaufzeichnung und Elektronikaufzeichnung getrennt ausgewiesen (siehe hierzu *Abbildung 7*).

Wendet man diese Formel für eine geplante Produktion an, so sind neben der Sendelänge und der Produktionsart szenisch oder nichtszenisch die Aufwandskategorien zunächst einmal festzulegen und man gewinnt daraus über die genannte Formel den Erwartungswert der zugehörigen Produktionskosten.

Für die weitere Planung einer bestimmten TV-Produktion – und das ist das Entscheidende – ist nicht auf der Beibehaltung der Aufwandskategorien zu beharren, sondern nur auf den so ermittelten Produktionskosten. Den Drehbuchgestaltern und Produktionsplanern soll es gestattet sein, Varianten zu bilden – ja dies ist geradezu erwünscht.

Eine weitere Schätzung der Produktionskosten mit einer zweiten Formel, die sich auf insgesamt 18 Einflußfaktoren stützt, ist dann angesagt, wenn die Planung einer bestimmten TV-Produktion weiter fortgeschritten ist. Freilich sind dies Einflußfaktoren, die erst zu einem späteren Planungszeitpunkt bekannt sind. Dazu gehören unter anderem Drehzeiten im In- und Ausland, innerhalb und außerhalb des Studios, Teamstärke für die Vorbereitung, Aufnahme und Nachbearbeitung, aber auch das Drehverhältnis und Kosten für Ausschnittlizenzen.

Für die Messung des Einflusses der Qualität auf die Produktionskosten ist die erste Formel bereits aussagefähig und zunächst ausreichend. Dabei ist in Rechnung gestellt, daß die Qualität ein subjektiver Maßstab ist und der Erreichung einer subjektiven Qualität den objektiv notwendigen Aufwand gegenüberstellt. Die allenthalben mit großem Enthusiasmus geführte Qualitätsdiskussion wird so auf eine sachliche Ebene verlagert.

Nach wie vor behält auch der klassische Kostenanschlag seine Bedeutung – allerdings kommt dieses Verfahren erst dann zu realistischen Zahlen, wenn die Planung einer bestimmten TV-Produktion einen weitgehenden Fortschritt genommen hat, was gegen Ende der Produktionsplanung der Fall ist.

Filmaufzeichnung

		sehr klein	klein	mittel	groß	sehr groß	extrem
Aufnahme	Kategorie	I (1)	II (2)	III (3)	IV (4)	V (5)	VI (6)
	Mann-Stunden	0 - 119	120 - 169	170 - 479	480 - 799	800 - 1199	ab 1200
Ausstattung	Kategorie	F (1)	E (2)	D (3)	C (4)	B (5)	A (6)
	Mann-Stunden	0 - 149	150 - 499	500 - 1499	1500 - 2999	3000 - 4999	ab 5000
Nachbearbeitung	Kategorie	1	2	3	4	5	6
	Mann-Stunden	0 - 54	55 - 169	170 - 339	340 - 699	700 - 999	ab 1000

Elektronikaufzeichnung

		sehr klein	klein	mittel	groß	sehr groß	extrem
Aufnahme	Kategorie	I (1)	II (2)	III (3)	IV (4)	V (5)	VI (6)
	Mann-Stunden	0 - 119	120 - 379	380 - 849	850 - 1499	1500 - 2499	ab 2500
Ausstattung	Kategorie	F (1)	E (2)	D (3)	C (4)	B (5)	A (6)
	Mann-Stunden	0 - 149	150 - 499	500 - 1499	1500 - 2999	3000 - 4999	ab 5000
Nachbearbeitung	Kategorie	1	2	3	4	5	6
	Mann-Stunden	0 - 3	4 - 7	8- 47	48 - 64	65- 84	ab 85

Bemerkungen:
1 Mit "Ausstattung" ist die Grobausstattung gemeint.
2. Bei Filmaufzeichnung bezieht sich "Nachbearbeitung" auf Schnitt, Tonmischung und Korrektur.
3.. Bei Elektronikaufzeichnung bezieht sich "Nachbearbeitung" auf den MAZ-Schnitt.

Abbildung 7: Kategorienblatt für die Stützung von Fernsehproduktionskosten

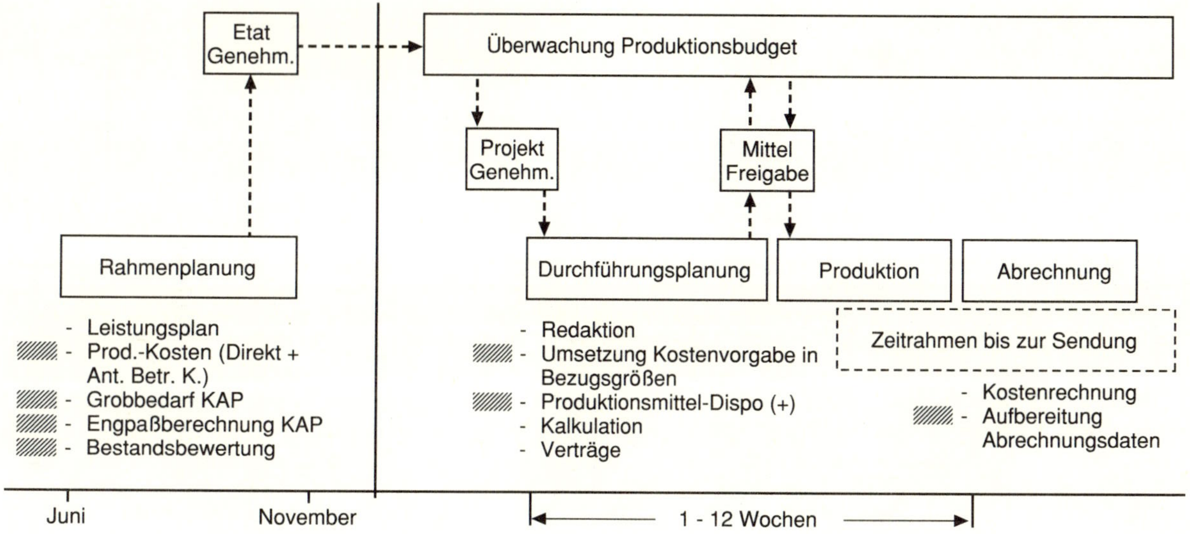

Abbildung 8: Zeitrahmen für die Planung und Steuerung von Kosten und Produktionsmitteln einschließlich Abrechnung Steuerungszeitpunkte.

Dieses in drei Stufen angelegte Berechnungsverfahren für die Produktionskosten bildet eine methodisch geschlossene Kontinuität (siehe hierzu auch *Abbildung 8*). Sie eröffnet und unterstützt die Möglichkeit zur Bildung von Ausführungsvarianten, welche den Qualitätsanspruch beziehungsweise den damit in Zusammenhang stehenden Aufwand in einfacher Weise auf die zugehörigen Produktionskosten zu projizieren gestatten. Zweifellos sind diese Zusammenhänge zwischen Qualität und Produktionskosten bekannt. Bisher wird ihnen aber mehr auf intuitive Weise Rechnung getragen.

5. Möglichkeiten der Einflußnahme auf die Entwicklung der Produktionskosten

Während es im ersten Kapitel zunächst einmal darum ging, die Einflußfaktoren der Produktionskosten der Zukunft auszumachen, ging es im zweiten und dritten Kapitel darum, die Einflüsse danach zu ordnen, inwiefern seitens der Rundfunkanstalten darauf Einfluß genommen werden kann, und dies mit anschaulichen Beispielen zu unterlegen. Im vierten Kapitel ging es darum, wie man die Einflüsse des Marktes, der Organisationsverfassung, des Produktionsbetriebes und den Einfluß von Qualität beziehungsweise Aufwand auf die Produktionsfaktoren messen und darstellen kann.

Im folgenden geht es darum, etwas ausführlicher darzustellen, welche Kräfte innerhalb der Aktionsfelder wirken und welche Einflußmöglichkeiten konkret gesehen werden.

Die Produktionskosteneinflüsse des Marktes

Zu den nicht beeinflußbaren Kosten, die wir dem Marktfeld zugeordnet haben (vergleiche *Abbildung 3* oben) gehören die besonderen Leistungsträger der film- und fernsehschaffenden Industrie wie Regisseure und Topschauspieler, vor allem geniale Personen mit Kreativität und Führungseigenschaften, denen man „den großen Wurf" zutraut oder die als Publikumslieblinge den Erfolg eines Film- oder Serienprojektes von vornherein tatsächlich oder vermeintlich garantieren.

Für diese „Produktionsfaktoren" wird der Markt angesichts der steigenden Anzahl von Kanälen und Programmen immer enger, und damit diese Produktionsfaktoren teurer.

Nicht selten kommt es vor, daß der selbst empfundene Attraktivitätswert von Schauspielern – auch von Nebendarstellern – im Laufe einer Serie drastisch zunimmt, was in entsprechenden Honorarforderungen mündet.

Teurer werden auch infolge steigender Nachfrage Rechte für Ausschnittlizenzen. Zum Bereich der nicht beeinflußbaren Kosten gehören auch Personalkostenentwicklungen, die an Tarife gebunden sind oder sich faktisch daran orientieren.

Demgegenüber ist zu erwarten, daß die rasante Entwicklung neuer technischer Möglichkeiten, soweit es die Kosten angeht, eine andere Entwicklung nehmen wird.

Zwar muß damit gerechnet werden, daß für die Distribution, vor allem wenn es um die Satellitentechnik geht, zumindest vorübergehend eine kostensteigende Tendenz zu erwarten ist.

Das gilt aber schon nicht mehr für die hochauflösende Aufnahme- und Wiedergabetechnik des HDTV. Hier sorgt der Wettbewerb der Anbieter und die fortschreitende Entwicklung integrierter Schaltelemente dafür, daß die Aufnahmegeräte und Studioeinrichtungen trotz wesentlich höherer Qualität letzten Endes nicht mehr kosten werden als die seitherige Technik. Im Gegenteil, die Fortentwicklung der allgemeinen Digitaltechnik, nicht nur für die Aufnahme, sondern auch für die Beherrschung der die Produktion begleitenden Informationsprozesse lassen eine nach unten gerichtete Preisentwicklung erwarten.

Für eine günstige Preis- und Kostenentwicklung aus der Sicht der Rundfunkanstalten schlägt das Interesse der Industrie an der Entwicklung neuer Wiedergabegeräte zu Buche. Die Wiedergabetechnik aber zahlt der Hörer beziehungsweise Fernsehzuschauer.
Die Kostenentwicklung auf dem Markt kann, wie bereits ausgeführt, von den Rundfunkanstalten selbstverständlich nicht beeinflußt werden, oder aber es besteht ein reges Interesse daran, die Kostenentwicklung vorzuempfinden, zu verfolgen und zu messen (vergleiche hierzu auch Ziffer 4).

Die Kostenentwicklung im Organisationsfeld

Rein technisch ist das Organisationsfeld durch Geräte und Personen bestimmt, die für Aufnahme, Ausstattung und Nachbearbeitung, aber auch Konzeption und Distribution, eingesetzt werden.

Die Abschreibung für Geräte und Einrichtungen macht bei ARD und ZDF durchschnittlich 10 Prozent der reinen Produktionskosten aus[3]. Die Personalkosten liegen etwa bei 65 Prozent.

Wie auch in anderen Betrieben ist die Personalressource die teuerste, mit der aber am großzügigsten umgegangen wird. Zur Verbesserung des Organisationsgrades und damit zur Kostenreduzierung gibt es reichlich Ansätze.

Dabei geht es weniger um die Disposition, die in den meisten Produktionsbetrieben in den letzten Jahren wesentlich verbessert wurde, um mehr Sicherheit, das heißt weniger Fehldisposition und eine bessere Auslastung von Geräten und Ausstattung bietet, sondern eher um die heute noch weitgehend nicht genutzten Möglichkeiten der Kostenreduzierung. Diese bestehen vor allem dort, wo es um die konsequente Nutzung der Digitaltechnik für automatische und halbautomatische Abwicklungs-, Kontrollen- und Steuerungsvorgänge geht und zwar sowohl bei der Produktion wie bei der Programmgestaltung.

In der Smitten[4] verweist auf die durch die „Mikroelektronik ausgelöste technische Innovation auf dem Gebiet der Fernsehproduktion und Programmgestaltung", durch die Produktionsmethoden und Programmgestaltung verändert wurden, wobei „die Produktionsmethoden erheblich rationalisiert und deren Effizienz gesteigert werden konnte bei gleichzeitiger Verbesserung des Qualitätsstandards".

Das Einbeziehen der durch die Digitaltechnik bereitgestellten neuen Möglichkeiten in der elektronischen Bildgestaltung habe die Palette der Darbietungsform von Programminhalten wesentlich bereichert.

Weiter wird darauf verwiesen, daß „aus den technischen Innovationen der Mikroelektronik sich jedoch bisher keine spezifischen Programmformeln entwickelt haben" – und er fährt fort: „Die ungeheure Vielfalt der Signalverarbeitungsmöglichkeiten liegt in ihrem Anwendungspotential für Programmzwecke weitgehend brach. Das große Feld der elektronischen Bildsynthese, das Generieren neuer Bildelemente und das Konstruieren abstrakter visueller Aussageformen ist bisher unentdeckt". Er endet mit der Frage: „Fehlt es den Programm-Machern an der notwendigen Intuition oder ist es die (unberechtigte?) Aversion vieler Programmleute gegenüber einem inzwischen übermächtig erscheinenden elektronischen Apparat, dessen man sich hierbei bedienen müßte? Die technischen Möglichkeiten jedenfalls sind gegeben".

Zusammenfassend kann gesagt werden, daß die Tendenz der Kostenentwicklung im Organisationsfeld nach unten weist. Die Nutzung dieser Potentiale aber ist für die Rundfunkanstalten nicht leicht und auch nicht sofort, sondern nur mittel- bis langfristig vollziehbar. Das hängt einerseits damit zusammen, daß organisatorische Änderungen ohnedies ihre Zeit benötigen, andererseits aber auch Bestimmungen des Personalvertretungsgesetzes zu beachten sind.

Ungeachtet dessen ist die Kenntnis und Fortschreibung der Grenzlinie zwischen dem Organisationsfeld und Steuerungsfeld eine wichtige, im Produktionsbetrieb kennzeichnende Meßgröße (vergleiche hierzu *Abbildung 3* und die Ausführungen unter Ziffer 4).

Die Kostenentscheidung im Qualitätsfeld

Die *Abbildungen 3 und 6* zeigen mit dem sogenannten „Qualitätsfeld“ den gesamten Handlungsspielraum, der den Programmplanern zur Verfügung steht, um einem Produktionsvorhaben mit einem subjektiven Qualitätsanspruch ein objektiv nachvollziehbares Aufwandsvolumen und damit einen bestimmten Betrag gegenüberzustellen.

Die Bandbreite des Qualitätsfeldes ist außerordentlich groß. Beim Süddeutschen Rundfunk betrug 1985 die Spanne des Qualitätsfeldes zwischen DM 1.000,-- und DM 16.000,--, das heißt der Bereich der beeinflußbaren Produktionskosten, bestehend aus den direkten Produktionskosten und den anteiligen Betriebskosten, lag zwischen DM 1.000,-- bis DM 16.000,-- pro Sendeminute[5].

Es ist klar, daß ein Programplaner für eine geplante Produktion nicht einfach innerhalb dieser Spanne einen Punkt setzen und damit die Produktionskosten fixieren kann. Je nach Produktionsthema und Qualitätsanspruch wird der Kostenansatz pro Sendeminute im oberen, mittleren oder unteren Teil des Qualitätsfeldes zu vertreten sein.

Ben Hur als klassischer Monumentalfilm wird damit zwangsläufig an der oberen Grenze des Qualitätsfeldes anzutreffen sein, das Portrait eines Prominenten an der unteren Grenze.
Praktisch geht man dabei wie folgt vor: Mit Hilfe der Aufwandskategorien *(Abbildung 7)* wählt man zunächst die für den Qualitätsanspruch angemessenen Werte für Ausstattung, Aufnahme und Nachbearbeitung (zum Beispiel: 5, 6, 5). Mit Hilfe der Formel nach Ziffer 4 beziehungsweise PROMKOS-Studie erhält man bei einer Sendelänge von 120 Minuten und Aufnahmeart szenisch einen Produktionskostenansatz für direkte Kosten und anteilige Betriebskosten von DM 11.983,--/Sendeminute. Das entspricht Produktionskosten von DM 1.438.000,--. Befindet man sich in einer Situation, daß das so ermittelte Kostenvolumen für die Produktion nicht zur Verfügung gestellt werden kann, hat dies zwangsläufig Auswirkung auf das wählbare Maß der Aufwandsstrategien und damit auf den realisierbaren Qualitätsstandard.

Es ist durchaus möglich, daß dieser Prozeß dazu führt, eine geplante Produktion in Frage zu stellen, weil Anspruch und Realisierungschance finanziell nicht in Einklang zu bringen sind. Oder es kann sein, daß eine andere Produktionskonzeption gefunden wird, die dem Produktionsthema beziehungsweise dessen Umsetzung in ein Filmwerk im Rahmen des finanziell Möglichen dennoch gerecht wird.

Wenn die verfügbaren finanziellen Mittel nur für ein Kammerspiel oder eine konzertante Aufführung ausreichen, kann ein Thema wie Ben Hur eben nicht in den vorgegebenen Finanz- beziehungsweise Aufwandsrahmen umgesetzt werden. Dann muß möglicherweise das Produktionsthema geändert werden.

Wichtig aber ist und darauf allein kommt es an, daß der Zusammenhang zwischen Produktionsthema, Qualitätsanspruch und dafür notwendigem Aufwand in einen rechenbaren und objektiv nachvollziehbaren Zusammenhang zu den Produktionskosten gebracht wird.

Gegenwärtig vollzieht sich die Kostenplanung in den Rundfunkanstalten für geplante Produktionen im Rahmen der Etatplanung vielfach in der konventionellen Form des Kostenanschlages. Ein solcher Kostenanschlag enthält einige Hundert Positionen, die von einem erfahrenen Produktionsleiter aufgrund seiner Sachkenntnis und einer fiktiven, ihm „vorschwebenden" Produktionsidee zusammengestellt wird. Im allgemeinen wird diese Produktionsidee in dieser frühen Planungsphase durch den Kostenanschlag gewissermaßen dokumentiert, so daß Eckwerte der späteren Produktion sehr früh – zu früh – festgeschrieben werden. Eine systematische Planung zu einem späteren Zeitpunkt in Ausführungsvarianten unterbleibt aus Angst vor Kostenüberschreitungen. Erfahrene Produktionsleute empfinden Derartiges als eklatanten Mangel. So fordert Freyberger[6] in einem Aufsatz über Qualitäten und Quantitäten „konzeptionelle Freiräume für die Produktionsphase", so daß kreative Handlungsspielräume des Regisseurs und des Produktionsleiters bis zuletzt offen bleiben. Eine Produktionskostenplanung und -steuerung, die sich in drei Stufen vollzieht (*Abbildung 8*), kommt dieser Forderung entgegen, allerdings mit der Maßgabe und den Hilfsmitteln, daß das vorgegebene Kostenlimit nicht überschritten werden darf. In der ersten Stufe bei der Etatgenehmigung wird mit Hilfe von Formel 1 und fünf Einflußgrößen das Kostenlimit bestimmt. Bei der Projekt-Genehmigung wird aufgrund von 18 Einflußgrößen geprüft, ob das vorgegebene Kostenlimit der ersten Stufe auch eingehalten ist. Ist dies nicht der Fall, so muß eine Ausführungsvariante gefunden werden, die die Einhaltung des vorgegebenen Kostenlimits gewährleistet. Vor der Mittelfreigabe für die Produktion muß der der Produktionsplanung zugehörige Kostenanschlag herbeigeführt werden, der die Einhaltung des vorangegangenen Kostenlimits garantieren soll. Auf diese Weise wird die Produktionsplanung zwangsläufig flexibler, im Ergebnis nachvollziehbar und durch das Ausschöpfen von Ausführungsvarianten auch qualitativ besser und anspruchsvoller. Der Forderung nach kreativen Handlungsspielräumen ist damit entsprochen – der Forderung nach Einhaltung vorgegebener Kostenlimits ebenfalls.

An dieser Stelle sei auch noch auf eine andere Eigenheit der heute geübten Praxis hingewiesen. Die Produktionskostenermittlung im Rahmen der Etatplanung über den Kostenanschlag führt – und das ist keineswegs umstritten – beim gleichen Produktionsthema, bei zwei verschiedenen Kalkulatoren zu zwei unterschiedlichen Kostenansätzen. Benötigt wird aber *ein* Ermittlungsverfahren für die Produktionskosten auf einer objektiven, nachvollziehbaren Basis, so daß ein Produktionsvorhaben, ganz gleich, wer die Kostenermittlung durchführt, zum gleichen Kostenansatz führt. Es ist dabei von Vorteil, wenn für die Kostenermittlung, speziell in der frühen Planungsphase, keine Spezialkenntnisse nötig sind, sondern dies auf der Grundlage leicht faßbarer, dem Rundfunkinsider vertrauten Größen erfolgen kann. Damit ist dann auch jene „Meßlatte" verfügbar, mit der das Preis-Leistungsverhältnis beziehungsweise eine „Qualitäts-Kosten-Kennziffer" verfügbar wird, mit der Film- und Fernsehproduktionen klassifiziert und untereinander verglichen werden können.

6. Anmerkungen zur Einführung und Anwendung von Kostenplanungs- und Steuerungsverfahren für Fernsehproduktionen

Eine stufenweise Kostenplanung und Steuerung von Fernsehproduktionen, gegebenenfalls nach dem PROMKOS-Verfahren, sorgt, wie oben bereits ausgeführt, für mehr Transparenz während der Produktionsplanung und Durchführung. Eine solche Verfahrensweise ist auch im Einklang zu sehen mit der von Eichhorn[7] vorgeschlagenen Teilkostenrechnung als Ergänzung der Vollkostenrechnung. Der von Eichhorn gemachte Vorschlag zielt darauf ab, die beeinflußbaren Produktionskosten von Fernsehproduktionen, bestehend aus den direkten Kosten und den anteiligen Betriebskosten, getrennt ausweisen und als Entscheidungsgrundlage benutzen zu können. Freilich bedarf dies alles der Integration in das bei den Rundfunkanstalten vorhandene Rechnungswesen, wozu auch die Obligoverwaltung gehört. Für die Kostenerfassung ist dabei ein Gliederungsschema vorzusehen, welches die notwendige Datenbasis für die Fortschreibung der Kostenermittlungsverfahren für die frühen Planungsphasen gewährleistet.

Die methodischen Voraussetzungen für eine Kostenplanung und -steuerung von Fernsehproduktionen mit diesem Anspruch sind gegeben. Es bedarf allerdings einer praxisgerechten Ausformung und Kultivierung dieser Verfahren, damit diese als nützliche Instrumente in den kreativen Prozeß der Planung und Produktion einbezogen wergen und es bedarf einiger Überzeugungsarbeit und Motivation, damit dies gelingt.

Die Qualität der Instrumente der Kostenplanung und -steuerung selbst wird letzten Endes auch daran gemessen, inwieweit sie zur Versachlichung der Diskussion um die Kosten im Rundfunk beitragen und auch als vertrauensbildende Maßnahme gegenüber jenen tauglich ist, die kraft politischen Mandats über die öffentlichrechtliche Sparsamkeit wachen.

Anmerkungen

1 Siebter Bericht der Kommission zur Ermittlung des Finanzbedarfs der Rundfunkanstalten, 1989.

2 PROMKOS Planungs- und Steuerungssystem für Produktionsmittel und Kosten von Fernseh- und Hörfunkproduktionen, Manuskript, SDR, Stuttgart 1987.

3 Siebter Bericht der Kommission zur Ermittlung des Finanzbedarfs der Rundfunkanstalten, 1989.

4 In der Smitten, Franz-Josef: Technische Innovation und Programmentwicklung, Manuskript, NOS 1985.

5 PROMKOS Planungs- und Steuerungssystem für Produktionsmittel und Kosten von Fernseh- und Hörfunkproduktionen, Manuskript, SDR, Stuttgart 1987.

6 Freyberger, Roland: Qualität und Perfektion, Manuskript, veröffentlicht in PS/Produktionsschulung, Herausgeber Harald Töldte, WDR 3/83.

7 Eichhorn, Peter: Unternehmensziele, Rechnungssysteme und Finanzstruktur von Rundfunkanstalten und ihrer Werbegesellschaften – Theoretische Grundlegung und konzeptionelle Vorschläge. Untersuchung im Auftrag des HR und des SDR, Mannheim, 1985.

Diskussion zu Teil III

Welche Rolle kommt den alternativen Finanzierungsinstrumenten zu? Wie lassen sich Marketing-Konzepte formulieren und implementieren? Wie wirken sich neue Techniken auf die Kostensituation von Rundfunkveranstaltern aus? Fragen dieser Art werden in der Diskussion in den Mittelpunkt gerückt. Insbesondere unternehmen die Diskutanten den Versuch, Querverbindungen herauszustellen.

Zur Rolle der Finanzierungsinstrumente

Ein Diskussionsteilnehmer formuliert die These, die öffentlich-rechtlichen Rundfunkanstalten besäßen neben ihren klassischen Finanzierungsinstrumenten Gebühren und Werbung noch ein drittes Standbein, das es als Finanzierungspotential zu erkennen gelte. Es handle sich dabei um Erträge aus Programmverwertungen, die heute schon die nicht mehr als marginal zu bezeichnende Größenordnung von 10 bis 15 Prozent ausmache. Lehmann korrigiert diese Auffassung dahingehend, daß den Erträgen aus Programmverwertungen nur eine additive Bedeutung zukomme und keine wesentlichen zusätzlichen Einnahmen erwarten ließen. Pay-TV könne freilich eine Option für die Zukunft darstellen, und zwar im Hinblick auf mögliche Spartenprogramme, die zielorientiert angeboten werden könnten. Im Hinblick auf die Rundfunkgebühr wird eine Indexierung als nur teilweise geeignet angesehen, um rundfunkspezifische Kosten zu erfassen.

Ist die Werbeausweitung auf die Zeit nach 20.00 Uhr für die öffentlich-rechtlichen Rundfunkanstalten ein Pyrrhussieg? Es könnte sein, so ein weiterer Teilnehmer, daß dadurch zwar der Verlust an Werbeeinnahmen gestoppt werden könnte, andererseits aber eine Angleichung an die Programme der privaten Wettbewerber zu befürchten sei. Wenn der gebührenzahlende Zuschauer keinen Unterschied mehr zu den privaten Programmen erkenne, müsse dies verheerende Auswirkungen auf die Gebührenlegitimation haben.

Dieses „Szenario" eines Diskutanten führt die Diskussion direkt zur Frage des Marketing. Lehmann stellt hierbei die hohe Bedeutung heraus, die das Image der öffentlich-rechtlichen Rundfunkanstalten, qualitativ gute Programme für eine sozial verträgliche Gebührenhöhe zu liefern, zukommt. Die Änderung der Plazierung der Werbung führe hier nicht zu einem programmlichen Abgleiten. Den Einnahmeverfall bei den öffentlich-rechtlichen Rundfunkanstalten zu bremsen und alle Möglichkeiten anzugehen, die der Rundfunk-Staatsvertrag biete, sei legitim und geboten. Die Alternative, Werbeertragsausfälle über eine überproportionale Steigerung der Gebühr zu kompensieren, sei unrealistisch.

Ein weiterer Teilnehmer stellt heraus, daß es für das öffentlich-rechtliche System und seine Programme spätestens ab 1995 immer schwerer sein werde, ein öffentlich-rechtliches Akzeptanzprogramm anzubieten, das sich vom dann etablierten privaten Akzeptanzprogramm unterscheide. Das Modell der „Grundversorgung" könne nur so lange funktionieren, als die öffentlich-rechtlichen Rundfunkanstalten in der Akzeptanz die Nummer 1 seien; sonst biete man nicht mehr Grundversorgung an.

Marketing für öffentlich-rechtliche Programme?

Marketing beginnt mit klaren unternehmenspolitischen Zielen, für öffentliche Rundfunkanstalten zum einen durch Konsenserzielung bei der Gebührenabsicherung beschreibbar, zum anderen durch Akzeptanzerzielung für ihre Programmleistung. Dieser Feststellung eines Teilnehmers kann sich Frau Mast durchaus anschließen. Sie weist aber darauf hin, daß die Erarbeitung von Marketingkonzepten nur dann erfolgreich sein werde, wenn nicht nur ihre Erarbeitung thematisiert werde, sondern genauso viel Mühe auf die Implementierung in den Unternehmen verwendet werde. Das Marketing von Programmen könne daher nicht ausschließlich auf Programminhalte bezogen sein, sondern müsse auch das Umfeld, das zur Generierung dieser Inhalte notwendig ist, einschließen.

Im Hinblick auf die Akzeptanzfrage gebe es einen nicht lösbaren Zielkonflikt zwischen einem Programm, das sich am Markt orientiere, und einem Programm, das Auflagen zu erfüllen habe. Akzeptanz manifestiere sich zwischen den beiden Polen der Reichweitenmaximierung auf der einen Seite und – auf der anderen Seite – der optimalen Ausschöpfung von Publikumssegmenten, die für bestimmte Themen ansprechbar seien. In dieser Hinsicht sei der Begriff „Minderheit" keine Abwertung, vielmehr stelle das in der Reichweite gewollt begrenzte Angebot an Publikumssegmente eine spezifische Programmleistung dar.

Marketing – Markt – Produkte

Welche Möglichkeiten gibt es, mit Marketingtechniken und -methoden die programminhaltliche Seite überhaupt zu beeinflussen? Wie steht es bei der Umsetzung von Marketingtechniken mit der redaktionellen Unabhängigkeit? Sind Rundfunkprogramme als Produkte zu kennzeichnen?

Ein Vergleich zwischen Produkt und Programme führe nicht weiter, so Mast. Wenn es so einfach wäre, daß Programme Produkte seien, sei es um die Finanzierung des öffentlich-rechtlichen Rundfunks gar nicht so schlecht bestellt. Man könne ja dann eine einfache Rechnung aufmachen und fragen, was die Universalität der öffentlich-rechtlichen Programmleistung mehr koste im Vergleich zu einem anderen Anbieter, der ausschließlich marktorientiert vorgehe; die Differenz seien gesellschaftlich relevante Mehrkosten und könnten als politischer Preis geltend gemacht werden. Mast weiter: Rundfunk definiere sich nicht über seine Produkte, sondern über sein Publikum und über die Publikumssegmente, die für bestimmte Themen gegeben seien. Hier habe im übrigen die qualitative Publikumsforschung noch viel zu leisten, indem sie über das Publikum als Basis für Rundfunkleistungen mehr Daten erarbeiten müsse als bisher. Hieraus seien Kriterien für die Programmqualität ableitbar, Qualität im Sinne eines bestmöglichen Ansprechens von Publikumssegmenten.

Zu unterscheiden sei, so Mast, überdies die Art der angebotenen Leistung von der Wahrnehmung dieser angebotenen Leistung. Öffentlich-rechtliche Rundfunkanstalten strebten – zwangsläufig – Mischkonzepte mit mehreren Zielen an, verbunden mit dem Nachteil, daß sie auf den ersten Blick in ihrem Profil nicht so klar erkennbar seien im Vergleich zu den gezielten und homogenen Programmkonzepten von Privatveranstaltern, die zum Beispiel die Grundzielrichtung der Unterhaltung profilierten. Zwangsläufig ergebe sich ein entsprechend höherer Kommunikations- und Aufklärungsbedarf für die öffentlich-rechtlichen Rundfunkanstalten. Gegenüber den privaten Veranstaltern müsse die unterschiedliche Programmleistung offensiv herausgestellt werden. Die Grundthese von Frau Mast lautet also: Mischkonzepte haben über die puren Programminhalte hinaus einen größeren Kommunikationsbedarf als homogenere Konzepte. Insofern müsse beim Publikum ein Bild über die spezifische Leistung erzeugt werden, zum Beispiel durch programmbegleitende Informationen, aber auch über andere Medien.

Kosten von Fernsehprogrammen

Sind mit der Einführung neuer Produktionstechniken zwangsläufig Kostensteigerungen verbunden? Bayer verneint zur Überraschung vieler diese Frage und zeigt eine Reihe von Entwicklungen auf, die zu einem solchen Optimismus Anlaß geben. Das Equipment für den Produktionsapparat werde in Zukunft im Vergleich nicht teurer sein als das heutige Equipment. Bayer räumt freilich ein, daß es hierzu unterschiedliche Prognosen gebe.

Ein Diskussionsteilnehmer argumentiert markttheoretisch, indem er herausstellt, da nach marktwirtschaftlichen Gesetzen bei Konkurrenz eine Tendenz zur Kostenminimierung einsetze. Dennoch werde die Beschaffung im Rundfunksektor teurer, da vielfach die Situation eines Angebotsmonopols gegeben sei. Beispielsweise trete der DFB als Anbietermonopolist auf und sehe sich vielen Nachfragern gegenüber mit der Konsequenz, die Preise diktieren zu können. Er stelle die Frage, ob diese Monopolbildung in unserer Marktwirtschaft kartellrechtlich überhaupt zulässig sei.

Für die öffentlich-rechtlichen Rundfunkanstalten böten sich im übrigen – so der gleiche Diskutant – die Chance, untereinander Schwerpunkte in der Programmarbeit zu bilden und wichtige Zukunftsaufgaben insofern koordiniert anzugehen.

In Erweiterung der Thesen von Bayer zur Kostenentwicklung bei Rundfunkanstalten werden in der Diskussion auch die Entscheidungsstrukturen als ein Problem für die Rundfunkökonomie angesprochen. Anders als bei privaten Wirtschaftsunternehmen sei der „Aufsichtsrat“ sehr breit gehalten und könne Effizienz nur begrenzt sicherstellen. Hinzu kämen Umsetzungsprobleme theoretischer Erkenntnisse in die Praxis, hervorgerufen durch die Rolle der Personalvertretung. Zum letzteren wird geäußert, die Auseinandersetzungen mit Personalräten seien kein rundfunkspezifisches Thema und im Sinne der Mitbestimmung gewollt und wünschenswert. Ein Diskutant unterstreicht, daß das öffentlich-rechtliche Rundfunksystem in Deutschland nach dem Verlust der publizistischen Gewaltenteilung notwendiger sei denn je.

Hermann Fünfgeld

Pespektiven: Programme für wen? Finanzierung womit?

Die Themenfelder, die auf dieser Tagung des FAR behandelt wurden, sind Gegenstand ständiger Auseinandersetzung innerhalb der öffentlich-rechtlichen Rundfunkanstalten, auch mit den Parlamentariern, mit der Politik, mit den Gremien und mit all denjenigen, die ihnen generell kritisch gegenüberstehen, aber – wie ich meine – sie zum Teil auch nur sehr vordergründig begleiten.

Eine Antwort auf die gestellten Fragen „Programme für wen?" und „Finanzierung womit?" ist für die öffentlich-rechtlichen Rundfunkanstalten nicht schwer zu geben.

Programme für alle

Es geht um die dem Rundfunksystem insgesamt gestellte Aufgabe, im öffentlichen Interesse das anzubieten, was das Gesetz und der Verfassungsauftrag von den Rundfunkanstalten verlangt. Der Rahmen, wie die Rundfunkanstalten diesen Auftrag interpretieren, wie der Intendant die gestellten Aufgaben im Zusammenwirken mit den Aufsichtsgremien umsetzt, ist zwar formal vorgegeben, aber es gibt bis heute keine eindeutige Formel, wie dieser Auftrag im konkreten umzusetzen ist. Es ist also eine offene Frage, wie die öffentlich-rechtlichen Rundfunkanstalten den Grundversorgungsanspruch erfüllen, wie sie die Innovationen behandeln, mit welchen Mitteln, mit welcher Qualität und mit welcher Quantität. Es existiert insoweit ein Mangel an *Vorgaben*, auf die sich die Rundfunkanstalten konkret stützen könnten.

Um den Gesetzesauftrag und dessen Erfüllung in Zukunft besser zu verdeutlichen, ist es notwendig, die bisher schon vorgelegten Geschäftsberichte in die Richtung von *Sozialbilanzen* weiterzuentwickeln. Der Inhalt einer solchen Sozialbilanz wird dabei all die Themenfelder ansprechen, die auf dieser Tagung diskutiert wurden, also Verbindungen zwischen der Technik, dem Programm und der Finanzierung. Der Auftrag für die öffentlich-rechtlichen Rundfunkanstalten ist als eine gesellschaftspolitische Verpflichtung zu sehen. Er bedeutet Verantwortung für das, was in den Rundfunkanstalten an Qualität und Professionalität bei der Gestaltung der Programme täglich geschieht; auch Verantwortung für den Aufwand, mit dem die Programme gestaltet werden.

Die Rolle des Hörfunks

Regelmäßig wird in der medienpolitischen und medienökonomischen Diskussion viel zu sehr auf das Fernsehen abgehoben. Dabei kommt dem *Hörfunk* in der kulturellen bzw. kulturpolitischen Landschaft eine geradezu elementare Bedeutung zu. Radio hat eine vielschichtige, sehr differenzierte und dem breiten kulturpolitischen Auftrag viel stärker zugewandte Aufgabenstellung als das Fernsehen. Im Hörfunk lassen sich Vorgänge, Perspektiven, Hintergründe und Zusammenhänge in ihrer ganzen Vielfalt und Tiefe viel ausführlicher darstellen, wie sie im Fernsehen sowohl aus zeitlichen als auch finanziellen Gründen so nicht realisierbar sind. Hier liegt ein starker Rechtfertigungsgrund für den hohen Grad der Vielfalt der Radioprogramme, wie wir ihn in der Bundesrepublik vorfinden. Eine deutliche Reduzierung dieser Vielfalt ist schon von daher nicht wünschenswert.

Finanzierung womit?

Die angemessene Finanzierung und moderne Bewirtschaftungsmethoden der Hörfunk- und Fernsehprogramme sind elementare Gegenwarts- und Zukunftsaufgaben im Rundfunk. Hier ist Innovation gefragt: Den Verantwortlichen muß vieles einfallen, um die Erfüllung des Rundfunkauftrages mit einer Optimierung des Mitteleinsatzes zu verbinden. Im Bewußtsein der Gesellschaft haben die öffentlich-rechtlichen Rundfunkanstalten die Verantwortung für die Befriedigung eines *Grundbedürfnisses*. Wenn es gelingt, das Programmangebot des öffentlich-rechtlichen Rundfunks im Sinne dieser Bedürfniskategorie noch stärker zu verdeutlichen, wird die Diskussion sowohl über rundfunkökonomische als auch über rundfunkpolitische Fragen in Zukunft leichter zu führen sein.

Rundfunk und Marktbegriff

Sollte es nicht gelingen, Fragen nach der Finanzierung, der Wirtschaftlichkeit und der Grundbedürfnisse zu beantworten, dann wird auch eine Antwort auf die Frage nicht gelingen, ob und in welchem Umfang eine Diskussion über *Reichweiten* und *Markt* angebracht ist. Die Diskussion über den Begriff des „Rundfunkmarktes" wurde künstlich geschaffen und den öffentlichen Rundfunkanstalten geschickt aufgezwungen. Marktdiskussionen beim öffentlich-rechtlichen Rundfunk erscheinen dessen ungeachtet wenig geeignet, die vom Gesetzes- und Verfassungsauftrag bestimmte Programmarbeit angemessen zu beschreiben, zu erklären und entsprechend umzusetzen. Dieser Auftrag muß von den öffentlich-rechtlichen Rundfunkanstalten erkannt und verstanden werden, auch *bestanden* werden – und zwar politisch auf die einzig legitime Weise, nämlich daß ihre Programme generell akzeptiert werden, auch und gerade im Minderheitenbereich. Und genau hier gibt es keine Reichweitenrelevanz.

Rundfunkpolitik – Wirtschaftspolitik

Rundfunkpolitik ist primär keine Wirtschaftspolitik. Rundfunkpolitik ist Gesellschaftspolitik, – und nur von daher hat die Umsetzung des Auftrags von Information, Kultur, Bildung und Unterhaltung zu erfolgen. Inwieweit dies gelingt, ist eine Frage der Professionalität und Qualität derer, die das Programm „machen". Es ist auch eine Frage der technischen Qualität, und zwar nicht nur der Studioqualität, sondern auch der frequenztechnischen Möglichkeiten. Diese frequenztechnischen Möglichkeiten sind von den Rundfunkanstalten nicht unmittelbar gestaltbar. Hier gibt es Einflüsse und Vorgaben durch die jeweiligen Landesregierungen und die zuständigen Landesanstalten, die die Voraussetzungen dafür schaffen, ob die öffentlich-rechtlichen Rundfunkanstalten ihren Auftrag in einem dualen System überhaupt umzusetzen in der Lage sind. Frequenzpolitik ist insofern Rundfunkpolitik!

Beachtenswert – und dieses wird gelegentlich übersehen – ist die Kontrolle durch die Aufsichtsgremien. Die *Qualität der Aufsichtsorgane* ist unverzichtbare Voraussetzung dafür, daß ein System wie der öffentliche Rundfunk funktionieren kann. Wenn diese Kontrolle nicht gegeben ist, ist die Frage der Eigenverantwortung und der Autonomie der öffentlich-rechtlichen Rundfunkanstalten in hohem Maße in Frage gestellt.

Mini-Minderheiten

Die öffentlich-rechtlichen Rundfunkanstalten haben auch dann noch einen Programmauftrag zu erfüllen, wenn die Reichweiten nicht oder kaum mehr meßbar sind. Dabei bedeuten Reichweiten unter einem Prozent der Hörer- und Zuschauerschaft immer noch einige zehntausend Rezipienten. Diese zu erreichen, kann eine hundertprozentige Erreichbarkeit der Zielgruppe und damit die Erreichung eines im vorhinein gesteckten Reichweitenzieles bei der Programmarbeit bedeuten. Genau diese Minderheiten rechtfertigen dann das oben formulierte Postulat der Erfüllung von Grundbedürfnissen durch die öffentlich-rechtlichen Rundfunkanstalten. Sie sind eben aufgerufen, auch diejenigen Programme anzubieten, die von den privaten Rundfunkveranstaltern nicht abgedeckt werden bzw. abgedeckt werden können. Wenn es im übrigen zutrifft, daß für Kulturprogramme 50 Prozent des Gesamtbudgets einer Rundfunkanstalt verausgabt werden, dann kann der Rundfunkauftrag nur durchgehalten werden, wenn diese Programme durch von Reichweiten unabhängigen Finanzierungen bestritten werden.

Selbstmord aus Angst vor dem Tod?

Die aktuellen Herausforderungen an den öffentlichen Rundfunk könnten eine solche Überschrift nahelegen. Woher kommt dieses? Nicht zuletzt aus der Entwicklung, daß „ein zentraler Punkt der Kulturpolitik in den demokratisch verfaßten Gesellschaften der letzten Jahre der Angriff auf die Bedeutung, ja die Legitimität des öffentlichen Rundfunks war", so in einem Aufsatz nachzulesen. Hier ist nun der Mut zum Risiko gefragt! Es ist überhaupt kein Anlaß, auf das, was der öffentliche Rundfunk in der Lage ist anzubieten, zu verzichten. Durch eine Vielzahl von professionellen Eigenschaften, die der öffentliche Rundfunk besitzt, die der öffentliche Rundfunk *alleine* besitzt und die er noch in der Lage ist zu finanzieren, kann der Auftrag auch entsprechend umgesetzt werden. Gerade unter diesem Gesichtspunkt ist die Marktdiskussion wenig fruchtbar. Der Markt ist in bestimmten Bereichen der Unterhaltung, des Sports, möglicherweise auch der Information von Bedeutung. Dort treffen wir konkurrierende Situationen, bei denen die öffentlich-rechtlichen Rundfunkanstalten nicht jeden Preisvergleich durchhalten, vor allem im Beschaffungsbereich.

Auf anderen Gebieten hingegen haben wir keinen Markt, der die öffentlich-rechtlichen Rundfunkanstalten in diese Situation bringen konnte. so daß sie also nicht in der Lage wären, durch Eigeneinsatz von Mitteln und entsprechende Bewirtschaftung, auch durch eine Stärkung der Eigenproduktionen, die als unverzichtbar gelten müssen, durch Ko-Produktionen und Ko-Finanzierungen den Rundfunkauftrag zu erfüllen. Moderne Marketing-Instrumente tun hier das übrige.

Bei ARD und ZDF sitzen Sie in der ersten Reihe!

Die seit einiger Zeit laufende Werbekampagne hat gezeigt, daß es Stärken beim öffentlichen Rundfunk gibt, die auch vom Publikum getragen werden, daß diese ernstgenommen werden und daß das Publikum die Finanzierung dieses Angebots von sich aus nicht in Frage stellt. Man kann Probleme herbeireden, indem man permanent eine angeblich unzulässig hohe Gebühr und eine angeblich nicht zu begreifende Verschwendungssucht bei den öffentlich-rechtlichen Rundfunkanstalten kolportiert. Die Rechnungshofberichte und andere Unterlagen wie KEF-Berichte, aber auch Stellungnahmen und Hinweise der Aufsichtsgremien, geben Gelgenheit, über diese Themen nachzudenken. Die Rechtfertigungen der öffentlich-rechtlichen Rundfunkanstalten sollten bei der Diskussion freilich ebenso ernstgenommen werden. Die Parlamente sollten dabei auch die Ernsthaftigkeit der Bemühungen anerkennen, die in den Auseinandersetzungen mit den Rechnungshöfen, mit den eigenen Aufsichtsorganen oder mit der KEF, also in der Auseinandersetzung mit den kritischen Kontrolleuren, laufend geschehen. Festzustellen ist jedenfalls der Eintritt in eine Phase eines besseren Verständnisses. Der 7. KEF-Bericht, der sich deutlich von den ersten sechs Berichten unterscheidet, belegt dieses; eine wissenschaftlich qualifizierte Beratung und Begleitung tut das ihrige.

Dies alles sind hoffnungsvolle Ansätze im Hinblick auf ein Ziel, wonach die Politik dem öffentlichen Rundfunk die Finanzierungsgrundlagen schafft, um das System des öffentlich-rechtlichen Rundfunks auf Dauer zu sichern. Der öffentliche Rundfunk ist dann nicht gefährdet. Mut und Risikobereitschaft sind heute gefragt, und diese sind vorhanden.

Manfred Rühl

Rückblick und Ausblick

Hätte es noch des Nachweises bedurft, daß die rundfunkpolitische Diskussion interdisziplinärer Sichtweisen bedarf, dann könnte die hier dokumentierte dritte öffentliche Tagung des Fribourger Arbeitskreises für die Ökonomie des Rundfunks (FAR) einen überzeugenden Nachweis liefern. Rundfunkpolitische Fragestellungen und die Versuche, sie zu bearbeiten und zu lösen, basieren in der Regel auch dort, wo sie als politische, wirtschaftliche oder sonstige „praktische" Einzelinteressen gesehen und verfolgt werden, auf den Denkgrundlagen einzelner wissenschaftlicher Disziplinen.

Solche interessenbestimmte „Rundfunkpolitiken" entsprechen durchaus der interessenpluralistischen Verfaßtheit unseres primär wirtschaftlich bestimmten Gesellschaftssystems. Dennoch: gegenüber den rundfunkpolitisch gewichteten partikularen Interessen von Regierungen und politischen Parteien, von Kirchen, Verbänden und Gewerkschaften, die untereinander im systemkonformen Wettbewerb um die Aufmerksamkeit und die Zustimmung der Öffentlichkeit stehen, kommt das öffentliche Interesse an Rundfunk, das rundfunkpolitische Gemeinwohl also, offensichtlich nicht hinreichend zur Geltung. Die teils gesetzlich, teils durch höchstrichterliche Rechtssprechung gesetzte Sollensvorschrift „öffentliche Aufgabe" oder die vom Bundesverfassungsgericht postulierte „Grundversorgung" durch den öffentlich-rechtlichen Rundfunk, haben wohl rechtsexegetische Auseinandersetzungen stimulieren können. Zu deren Wirklichkeitsrelevanz allerdings liegen bisher keine kommunikationsempirisch ermittelten Belege vor. Was für die Gesellschaftsformen Deutschlands, Österreichs oder der Schweiz ein rundfunkpolitisches Gemeinwohl sein könnte, das wurde bis zum Tage noch nicht einmal ausformuliert, geschweige denn realitätsbezogen getestet.

In der rundfunkpolitischen Diskussion taucht immer wieder die Forderung nach einer interdisziplinären Beschäftigung auf. Interdisziplinarität, das ist die seit den sechziger Jahren auch in der deutschsprachigen Diskussion eingebürgerte Forderung nach koordinierender und kooperierender Neuorganisation wissenschaftlicher Forschung, und zwar mittels höherstufiger (etwa: kybernetischer) Begriffe und Theorien. Die Übereinkunft, eine solche Metatheorie gemeinsam anzuwenden (unter weitgehendem Verzicht auf liebgewonnene dingmetaphorische Exempel), soll es dem einzeldisziplinär bestimmten Denken und Argumentieren ermöglichen, aus den spezifischen Begriffs- und Theoriehöhlen herauszufinden. Allein: Interdisziplinäre Bestrebungen haben die rundfunkpolitische Forschung offensichtlich noch nicht beeindrucken können. Faktisch wird jedenfalls bis heute multidisziplinär vorgegangen, wenn nicht einer Disziplin – der Rechtswissenschaft etwa – eine „natürliche" Hegemonialposition zugeschrieben wird.

Nun ist Rundfunk keine natürliche Gegebenheit, vergleichbar dem Wetter in der Atmosphäre oder der Schwangerschaft einer Frau. Wie immer Rundfunk im Einzelfalle definiert wird; der Ausdruck Rundfunk steht für keine „Natürlichkeit" und läßt sich folglich nicht naturwissenschaftlich behandeln. Der Begriffstitel Rundfunk repräsentiert einen hochkomplexen Prozeß vergangener kommunikativer Erfahrungen und künftiger kommunikativer Erwartungen. Rundfunk ist ein kommunikatives Produkt der Zivilisation, das vor allem politisch-ökonomisch zu gestalten ist. Wird Rundfunkpolitik deshalb als Amelioration, als Prozeß der Verbesserung gegenwärtiger Rundfunkzustände verstanden, dann bezieht sich Rundfunkpolitik auf Relationen, die zwischen Rundfunk und Gesellschaften, den gesellschaftlichen Gruppierungen, Organisationen, Branchen usw. entstanden, und die immer wieder umzugestalten sind. Rundfunkpolitik ist angesichts dieser vielfältigen Wechselbeziehungen erst einmal zu formulieren, damit Einzelprobleme bearbeitet und gelöst werden können.

Wie alle Ergebnisse der Zivilisation, so wächst auch die für Rundfunk auszumachende Problemkomplexität zunehmend, und zwar in kommunikativer, aber auch in wirtschaftlicher, politischer, technischer und rechtlicher Hinsicht. Die Konsequenzen für Gesellschaft und Einzelmenschen sind schwer abzuschätzen. Für die Wissenschaften, die sich vielfältig differenziert haben, die jedoch nach wie vor als Einheit begriffen werden und zum Verstehen, zur Einsicht und zur Erklärung rundfunkpolitischer Probleme das Denkzeug und die Arbeitsmethoden bereitstellen sollen; für die Wissenschaften verbietet es sich heute nachgerade, Rundfunkprobleme aus einzelwissenschaftlichen Positionen und Sichtweisen angehen und lösen zu wollen.

Allerdings ist von einer interdisziplinären Denk- und Arbeitsweise in der Rundfunkpolitik wenig zu bemerken. Wird in der Rundfunkpolitik mit gleichlautenden Begriffstiteln argumentiert, so drängt sich eine Reihe von Fragen auf: In welchen semantischen Spielräumen bewegen sich die Diskutanten,

– wenn sie Rundfunk, Hörfunk oder Fernsehen gleichermaßen als „Medium" behandeln;

- wenn von Programmen und Programm-Marketing die Rede ist, angesichts eines Marktbegriffs, der offensichtlich nur ökonomischen Tausch und monetäre Bewertung einschließt und einen Marketing-Begriff, der faktisch weniger vielfältigen Austausch als vielmehr den Absatz im Auge hat;
- wenn Rundfunkgebühren und Werbeerlöse wie äquivalente Größen in einem politischen Null-Summen-Spiel behandelt werden;
- wenn im rundfunkpolitischen Exotarium unserer Tage Low-Power-Satelliten, HD-MAC-Standards oder „hochauflösende Kabelbilder" vorgezeigt werden, die auf die (in überwiegem Maße) technologischen Abstinenzler unter den Rundfunkpolitikern teils wie Zukunftsbedrohungen, teils wie zaubermächtige Zukunftssicherer wirken und
- wenn die „Rundfunk-Haushalte", ungeachtet der sozial radikalen Umgestaltungsprozesse in den Haushaltsstrukturen des Landes, primär auf einheitliches Akzeptanzverhalten getestet werden?

Darf angesichts dieser keineswegs abgeschlossenen Fragenreihe den Diskutanten entgehen, daß die in der Rundfunkpolitik genutzten Begriffe in einem nicht abgrenzbaren semantischen Feld stehen, in das die beteiligten Disziplinen aus unterschiedlichen Perspektiven nicht nur je unterschiedliche Fragestellungen, sondern auch je verschiedenartige Begriffe als sachliche Vereinfacher einbringen?

Es sind vor allem die verschiedenen methodischen Zugangswege zum Forschungsfeld Rundfunk, die Techniker, Juristen, Ökonomen oder Kommunikationsexperten wählen, die dafür verantwortlich sind, daß sich keine gemeinsamen wissenschaftlichen Perspektiven entwickeln können, die an die Stelle der besonderen Sichtweisen treten könnten. Wenn dies auch außerhalb der jeweiligen Fachöffentlichkeiten selten genug bewußt ist; mit den verwendeten, oft gleichlautenden Begriffstiteln werden aus einzelwissenschaftlicher Perspektive durchaus verschiedenartige Sachverhalte gemeint. So bevorzugen die Berichte multidisziplinär besetzter Medienkommissionen sowie Rundfunk- und Mediengesetze, Staatsverträge und einschlägige Verordnungen, eine offenkundig kompromißfähige Sprache, die sich gegenüber der Empirie recht zurückhaltend verhält. Die damit geführten Debatten werden nicht sonderlich fruchtbringend. So kann man rückblickend zu Recht fragen, was denn von den heißen Wortschlachten um „Vielfalt" oder „Ausgewogenheit" übrig blieb, und ob es ein Ausdruck wie „Grundversorgung" schaffen kann, ohne empirische Tests und ohne theoriestützende Daten ein rundfunkpolitisch brauchbarer Begriff zu werden.

Eingedenk dieses unbefriedigenden Zustandes in der Rundfunkpolitik liegt es auf der Hand, daß bei der Formulierung des Tagungsthemas: „Neue Technik, Neue Programme, Ökonomische Utopien? – Sind die in der Zukunft technisch möglichen Rundfunkprogramme finanzierbar?“ nicht die Einheitlichkeit eines theoretischen Ansatzes angestrebt werden konnte, der womöglich mit praktischem Erfahrungsgut abzufüttern war. Im Gegenteil: Es war auf Weiträumigkeit zu achten, um keine rundfunkpolitische Sichtweise und keine methodische Denktradition von vornherein zu ignorieren bzw. keine sich abzeichnenden Entwicklungstendenzen außer Betracht zu lassen. Trotz seiner Namensgebung, „für die Ökonomie des Rundfunks“ dazusein, befaßt sich der FAR bisher mit Rundfunk als einem weitläufigen Problemfeld, in dem viele disziplinäre Schlüsselgebiete wiederzufinden sind, namentlich solche aus den Theorietraditionen der Wirtschaftswissenschaften, der Technikwissenschaften und der Kommunikationswissenschaften. Die vom FAR angegangenen Fragestellungen beabsichtigen, das einzeldisziplinäre Nachdenken über Rundfunkprobleme und die damit einhergehende Gefahr einer Immunisierung gegenüber den Denk- und Arbeitsergebnissen anderer Disziplinen zu überwinden.

In keinem Falle wird vom FAR *Rundfunkpolitik* mit *Rundfunkrechtspolitik* gleichgesetzt. Wirtschaftliche, publizistische oder technische Fragestellungen werden von ihm nicht nur dilatorisch behandelt. Daß im FAR die rechtliche Dimension nicht grundsätzlich ignoriert wird, hat er bereits in seiner ersten öffentlichen Tagung in Nürnberg über „Zukunftsaspekte des Rundfunks“ unter Beweis gestellt (vgl. Band 1 der Reihe „Beiträge zur Rundfunkökonomie“). Die Tagungsplaner vergaßen die Rechtsproblematik auch diesmal nicht. Sie dunkelten sie lediglich ab, damit technische, finanzwirtschaftliche und programmliche Zukunftsfragen der Rundfunkpolitik besser ins Scheinwerferlicht der Diskussion treten konnten.

Mit den Beiträgen in diesem Band haben die Autoren versucht, mindestens zwei der im Tagungsthema angesprochenen Gebiete miteinander zu verbinden. Eine notwendigerweise begrenzt mögliche Zusammenführung der in den Vorträgen und in der Diskussion geäußerten Positionen ergab die von Heinz J. Kiefer in der Einleitung rekonstruierte Fülle von Problemkombinationen. Der Versuch, sie eingehender, und zwar als dynamisierte Vernetzung zu debattieren, provozierte die angesprochenen alten methodologischen Fragen, die in erster Linie Herausforderungen für die Zukunft darstellen.

Da die alltägliche Rundfunkpolitik betont taktisch vorgeht und üblicherweise auf schnelle Entscheidungen aktualisierter Probleme ausgerichtet ist, werden in ihr Grundsatzfragen einer rundfunkpolitischen Strategie immer wieder zurückgedrängt. Doch auch in der Rundfunkpolitik erledigen sich Grundsatzfragen nicht von selbst. Sie drängen sich eher durch die Hintertür ins Gesichtsfeld, etwa mit folgenden Fragen:

Mit welchen forschungslogischen Strukturen sind Techniker, Ökonomen, Kommunikationswissenschaftler und Juristen gerüstet, wenn sie in die rundfunkpolitische Debatte ziehen? Welche allgemeinen rundfunkpolitischen Probleme werden für wichtig gehalten, wenn sie von Rundfunkexperten ausgewählt werden, die sie aus einzelwissenschaftlicher Sicht beantworten wollen? Welche Annahmen und welche Erklärungsmodelle gelten als geeignet, um „typischerweise" zur Bearbeitung rundfunkpolitischer Probleme herangezogen zu werden? Von welchen Forschungsmethoden wird in der Rundfunkpolitik ausgegangen, wenn bekannt ist, daß Rechtswissenschaftler ihre Problemstellungen vorzugsweise normativ-präskriptiv angehen, wenn Wirtschaftswissenschaftler und Technikwissenschaftler traditionell teleologisch, und zwar nach dem Zweck/Mittel-Schema operieren, und wenn Kommunikationswissenschaftler (seit etwa einem Vierteljahrhundert) primär empirisch-deskriptiv bzw. empirisch-analytisch vorgehen? – Und wenn zutrifft, daß die Kommunikationswissenschaftler eine besondere Brauchbarkeit ihrer Erkenntnisse deshalb beanspruchen, weil die von ihnen theoretisch formulierten Rundfunkprobleme empirisch auf den Prüfstand gestellt werden können; sind dann die wie im einzelnen auch immer ermittelten Daten schon deshalb interdisziplinär vergleichbar und von höherer Aussagekraft?

In Abwesenheit einer zusammenfassenden Darstellung von Rundfunkpolitik als planvollem Versuch, die Rundfunkzukunft vorab zu strukturieren, war bei dieser Tagung in erster Linie auf die Schwierigkeiten hinzuweisen, die dann auftreten, wenn Rundfunkpolitik interdisziplinär angegangen werden soll. Vieles von dem Vorgetragenen war für sich genommen den einzelnen Tagungsteilnehmern gewiß nicht mehr neu. Doch das Neuverknüpfen wirtschaftlicher, programmlicher und technischer Sachverhalte sowie ein daraus emergierender neuartiger Realitätsaufbau von Rundfunk, führte zu überraschenden Möglichkeiten, Rundfunkpolitik alternativ zu denken und zu bedenken.

Was medienpolitische Tagungen oft so dröge macht, ist das Rekapitulieren altbekannter Interessen, die auf der Grundlage dingmetaphorischer Strukturen nur noch hin- und hergewendet werden. Es ist die Selbstgewißheit, mit der dann angedeutet wird, eine eindeutig abgrenzbare Rundfunkpolitik fix und fertig im Säckel zu haben. Dergestalt kann dann am arg versimpelten rundfunkpolitischen Zentralthema, am Gegensatz zwischen öffentlich-rechtlichem und privatwirtschaftlichem Rundfunk herumtaktiert werden. Eine Tagung, die bestrebt ist, mehrere Rundfunkdimensionen gleichzeitig in den Blick zu nehmen, hat dann mehr mit Systembildung zu tun, genauer gesagt, mit dem Versuch der Rekonstruktion und der Untersuchung der Beziehungen, wie sie zwischen einem als System identifizierbaren Rundfunk und einer im ständigen Wandel befindlichen, gleichwohl als Einfluß- und Orientierungsfeld erfaßbaren soziokulturellen Umwelt bestehen.

Fehlte in Mannheim aufgrund unterschiedlicher rundfunkpolitischer Problemsichten und wegen der primär einzeldisziplinär bestimmten Begriffs-, Theorie- und Methodendifferenzen eine Übereinstimmung, so standen für die Kenner früherer FAR-Tagungen und FAR-Publikationen als Orientierungsschemata die beiden Fleckschen Rundfunkmodelle im Hintergrund. Florian H. Fleck stellte beide in der Form von Schaubildern mehrmals zur Diskussion, um sie, nach erneuter Modifikation, diesem Bande beizufügen (vgl. seine Einführung). Beide Modelle – Fleck sprach lieber vom „Bezugs- und Umweltsystem für Rundfunk-Unternehmen" bzw. von einer „Wettbewerbsspinne" – fordern ohne Frage zu weiteren Klein- und Feilarbeiten heraus.

So ist eine dritte Rundfunkebene denkbar, würde man zunächst das implizierte System/Umwelt-Paradigma als Modell einer höheren Ordnung wählen. Demnach ließe sich (1) die umweltorientierte Rundfunkorganisation (Rundfunk-Unternehmung) in der Konzeption des ersten Fleckschen Modells als *Mikromodell* des Rundfunks anwenden, während das Netzwerk der „Wettbewerbsspinne" weiter zu differenzieren wäre. Um den Rundfunk in seiner weltweit orientierten, ständig anwachsenden Komplexität hinreichend einfangen und als Rundfunkordnung gesellschaftsgemäß modellieren zu können, wäre (2) Rundfunk auf einer anderen Ebene in seiner gesellschafts- bzw. kulturweiten Umwelt als *Makromodell* zu entwerfen.

Um der in der „Wettbewerbsspinne" latent mitschwingenden Problematik spezieller Rundfunkmärkte Rechnung zu tragen, wäre (3) Rundfunk als *Mesomodell* zu rekonstruieren. Marktrelationen für Rundfunk wären zu einer Vielzahl von Teilumwelten nachzuzeichnen und zu untersuchen, beispielsweise

- zu Arbeitsmärkten für qualifiziertes journalistisches, künstlerisches, technisches, wirtschaftendes und rechtskundiges Personal;
- zu Beschaffungsmärkten von Spielfilmen und Serien, von informationsträchtigem Wort- und Bildmaterial, aber auch von Immobilien und Kapital, und nicht zuletzt von Beschaffungsmöglichkeiten für eine Stabilität gewährende Dauerfinanzierung jedes, auch des öffentlich-rechtlichen Rundfunks;
- zu Produktionsmärkten für Angebote und Nachfragen der Großzahl knapper Ressourcen, die Rundfunk tauschend, koordinierend und kooperierend, mehr oder weniger dringend zur Produktion benötigt: von der Beschaffung technologischer Apparate und Geräte bis hin zu „gutachtenden" Experten;

- zu Distributionsmärkten, über die kontinuierlich Publika realisiert werden, die aber nicht fortwährend, sondern nur situativ als Hörer, Zuschauer, Gebührenzahler, Werbezielgruppen usw. in sozioökonomischen Rollen und Rollenkombinationen die Adressaten von Rundfunkverbreitung sind.

Bereits nach den Fleckschen Modellen, und noch mehr nach ihrer weiteren Ausdifferenzierung als Organisationen, Märkte und als gesellschaftliche Teilsysteme, kann Rundfunk nicht länger als Universalbegriff und mittels eines Universalmodells verstanden werden. Vielmehr ist anhand des System/Umwelt-Paradigmas einzusehen, daß Rundfunk stets als Rundfunk/Umwelt-Beziehungen zu rekonstruieren ist. Doch es ist auch einzusehen, daß ohne eingehendere rundfunkpolitische Forschungen, die explizit von kulturellen, insonderheit von gesellschaftlichen Bedingungen ausgehen (etwa von denen des vereinten Deutschlands oder denen der Schweiz, die sich beide in ihren europa-, ja weltweiten Interdependenzen beobachten lassen), keine zeit-, kultur- und gesellschaftsgemäßen Rundfunkmodelle sinnvoll sind, wenn sie nicht empirisch testfähig sind.

Florian H. Fleck

Schlußwort

Sehr geehrte, liebe Tagungsteilnehmer!

Nachdem wir innerhalb zweier Tage eine Folge von neun Referaten erstrangiger Rundfunkspezialisten gehört und miteinander intensiv diskutiert haben, scheint es angebracht, einen aufrichtigen Dank an alle Beteiligten auszusprechen.

Zuerst sei unseren Vortragenden für ihre tiefschürfenden, weitsichtigen Analysen herzlichst gedankt. Ich zweifle nicht daran, daß wir Tagungsteilnehmer die Ideen, vielfältigen Informationen und Anregungen unserer Referenten bei der täglichen Berufsarbeit berücksichtigen und wenn möglich weiter entwickeln werden.

Ein zweiter Dank sei ausdrücklich dem Organisationskomitee dieser Mannheimer Tagung ausgesprochen. Hier ist an erster Stelle der Intendant des Süddeutschen Rundfunks, Herr Hermann Fünfgeld, zu nennen. Als geborener *Mannemer* hat er in bester Kenntnis von zuständigen Personen und der örtlichen Gegebenheiten in entscheidener Weise beigetragen, den Tagungablauf interessant und vielseitig zu gestalten. – Ferner sei besonders unser „Generalsekretär", Dr. Martin Gläser, vom SDR-Hauptsitz Stuttgart, erwähnt. Er leitete als Stabschef in gewohnter glänzender Weise die gesamte Organisation gemeinsam mit seinen Mitarbeiterinnen, den Damen Ulrike Karkheck und Eleonore Majerle. Weitere Mitglieder des Organisationskomitees waren Alain Reutter, Controller der SRG in Bern, und der Sprechende. – Bei unserer Aufgabe wurden wir wirksam unterstützt vom Studioleiter des SDR in Mannheim, Herrn Bernhard Ballhaus, und seiner Sekretärin Frau Marina Massar.

Desweiteren sei ausdrücklich auch dem Hausherrn dieses Gebäudes, Herrn Direktor Hans-Joachim Willner von der Südwestdeutschen Landesbank, Mannheim, für die großzügige Zurverfügungstellung dieser repräsentativen Räume gedankt. Wir haben uns in Ihrem Hause sehr wohl gefühlt, wobei die zentrale Lage Ihres Institutes uns erlaubt hat, den Tagungsablauf recht zügig zu gestalten.

Ein zusätzlicher Höhepunkt unserer Tagung war gewiß auch der Empfang in der Kunsthalle der Stadt Mannheim durch die Stadtbehörden, durch Bürgermeister Dr. Norbert Eggers und Kunsthallen-Direktor Dr. Wolfgang Fath, und nicht zu vergessen die musikalische Darbietung der beiden Künstlerinnen Frau Gaby Pas-Van Riet, Solo-Flötistin, und Frau Renié Yamahata, Solo-Harfenistin, beide Mitglieder des Radio-Sinfonieorchesters des Süddeutschen Rundfunks Stuttgart. Ihre Darbietungen haben uns aus dem Kreis von rundfunktechnologischen, programmlichen und wirtschaftlichen Überlegungen herausgeführt. Haben nicht Radio und Fernsehen auch eine Funktion für das Schaffen von Kunst und deren Verbreitung? In diesem Sinne hat die gestrige Abendveranstaltung uns einige musikalische Glanzpunkte geboten.

Und damit komme ich zu meiner eigentlichen Schlußadresse: Sie, meine geschätzten Teilnehmer, haben durch Ihr Kommen, Ihr Aufwerfen der verschiedensten Fragen, Ihre Ergänzungen zu den Gedanken und Ausführungen der Referenten in entscheidener Weise dazu beigetragen, daß diese Tagung lebendig und erfolgreich verlaufen ist.

In gewohnter Weise werden die Referate und Zusammenfassungen der Diskussionen in Buchform als Band 4 der Beiträge zur Rundfunkökonomie baldmöglichst herauskommen.

Nun wünsche ich Ihnen allen eine gute Heimfahrt!

Ihr Florian H. Fleck

Personalia

Gastreferenten

Dr. Werner Bayer

Persönliche Daten:

- 1934 geb. in Elversberg, Saarland
- promovierter Betriebswirt
- Diplom-Ingenieur Elektrotechnik
- Facharbeiter und Werkmeister mit 8-jähriger Betriebspraxis
- 10 Jahre Lehrbeauftragter Universitäten Mannheim und Stuttgart, Mathematik für Wirtschaftswissenschaftler
- seit 22 Jahren selbständig – Geschäftsführender Gesellschafter des Büros für angewandte Mathematik in Stuttgart und der SE Systems Engineering GmbH in Berlin
- engagierter Sportfunktionär bei Billard und Gewichtheben

Spezielle Kenntnisse:

- Computergestützte Organisation (Fertigung, Materialfluß, Verwaltung)
- Computergestützte Planung
- guter EDV-Gesamtüberblick – integrierte Systeme von konventioneller und prozeßnaher Datenverarbeitung
- mathematisch-technische Optimierungsverfahren
- Computersimulationstechnik
- moderne Kalkulationsverfahren auf Basis statistisch-mathematischer Verfahren
- Modelle der operativen und strategischen Unternehmensplanung

Schwerpunkte bisheriger Projekte:

- Kapazitätsplanung und Steuerung (Fertigungsablauf, Personaleinsatzplanung, Stundenpläne, Logistik)
- Prognose- und Dispositionssysteme (Automobilzulieferer, Textilindustrie, Möbelindustrie)
- Gutachten zur Bestimmung optimaler Größe von Kassettenarchiven und zweckmäßiger Betriebsformen in Rundfunkanstalten
- Kostenplanung und Kostensteuerung (Hochbauten, Elektronische Geräte, TV-Produktionen)
- Entwicklung und Einsatz von Informationssystemen (Plan- und Schriftgutverwaltung, Unternehmenskennzahlen, Personalverwaltung, Bearbeitungsstatus von Aufträgen, etc.)
- Energiemodelle für einen Energiekonzern, Energiesanierung von Anlagen und Gebäuden
- Management-Kommunikationssysteme für Kosten- und Marketing-Management

Prof. Dr.-Ing. Dr.-Ing. E.h. Wolfgang Kaiser

1923 geb. in Schöntal, Hohenlohekreis

1941 Abitur in Tübingen

1941 – 1947 Kriegsdienst und Kriegsgefangenschaft

1947 – 1951 Studium der Elektrotechnik (Nachrichtentechnik) an der damaligen Technischen Hochschule Stuttgart

1951 Diplomingenieur

1954 Promotion zum Dr.-Ing.

1954 – 1967 Mehrere Positionen im Entwicklungsbereich der Standard Elektrik Lorenz AG, Stuttgart, zuletzt Direktor der Entwicklung im Geschäftsbereich Datentechnik

1967 bis heute o. Professor und Direktor des Instituts für Nachrichtenübertragung der Universität Stuttgart

Schwerpunkt der Forschungsarbeiten auf dem Gebiet der digitalen Übertragung von Sprache, Text, Daten und Bildern, der optischen Übertragung auf

Lichtwellenleitern, der Breitbandkommunikation sowie zukünftiger Formen der Telekommunikation

Über 100 Veröffentlichungen

Vorsitzender des Forschungsausschusses des Münchner Kreises

Vorsitzender des Wissenschaftlichen Beirats des Heinrich-Hertz-Instituts für Nachrichtentechnik GmbH, Berlin

Vorsitzender des Forschungsverbundes Medientechnik

Mitglied der Heidelberger Akademie der Wissenschaften

1985 Ehrenpromotion durch die Technische Universität München

Prof. Dr. Claudia Mast

geb. 1952 in Lindau (Bodensee)

Studium der Kommunikationswissenschaft, Politischen Wissenschaft und Romanischen Philologie an der Ludwig-Maximilians-Universität München mit Promotion zum Dr. phil. 1976

Berufsausbildung zur Redakteurin an der Deutschen Journalistenschule e.V. (München) und langjährige Tätigkeit für Tageszeitungen

1976 – 1979 Wissenschaftliche Referentin im Zentralbereich Personal der Siemens AG (München) mit Aufgabenschwerpunkt Information und innerbetriebliche Bildung

1979 – 1988 Aufbau und Leitung einer Stabsabteilung für gesellschaftspolitische Grundsatz- und Bildungsarbeit der Siemens AG (München) mit Aufgabenschwerpunkten: Integration von Unternehmens- und Gesellschaftspolitik, Führungskräfteschulung, unternehmensinterne Sozialforschung und Informationsmarketing bzw. -management

Langjährige Lehrtätigkeit an den Universitäten Zürich, München und Eichstätt

1986 Habilitation an der sozialwissenschaftlichen Fakultät der Universität München mit einer Analyse des Strukturwandels in den Kommunikationssystemen; venia legendi „für das Fach Kommunikationswissenschaft“

Seit 1988 Ordinarius und Inhaberin des Lehrstuhls für Kommunikationswissenschaft und Journalistik an der Universität Hohenheim, Stuttgart

Mitglied des Sachverständigenkreises beim Bundesminister für Forschung und Technologie, Vertreterin für das Fach Sozialwissenschaften

Forschungsschwerpunkte: Angewandte Medienforschung, Medienmanagement, Auswirkungen von Kommunikationstechnologien, Journalismus und Medienwettbewerb, Organisation (Unternehmen) und Kommunikation, Qualifikations- und Ausbildungsprofile von Kommunikationsberufen

Verfasserin und Herausgeberin wissenschaftlicher Publikationen, zum Beispiel „Medien und Alltag im Wandel" (1985), „Was leisten die Medien?" (1986), „Rivalen im Äther" (1990)

Herausgeberin der Reihe „Medien und Märkte"

Mitherausgeberin der Reihe „Journalismus", Schriftenreihe der Stiftervereinigung der Presse

Dr. Pierre Meyrat

Dr. Pierre Meyrat wurde im Januar 1986 zum Generaldirektor der Société Européenne des Satellites ernannt.

Nach seiner Ausbildung zum Ingenieur im Fachbereich Elektronik an der Eidgenössischen Technischen Hochschule (ETH) promovierte er 1966 an der Zürcher Universität zusätzlich in Wirtschaftswissenschaften.

Mehrere Jahre nahm Dr. Pierre Meyrat die Position des stellvertretenden Generaldirektors der „Rediffusion" ein, dem größten Kabelnetzbetreiber der Schweiz (mit nahezu 200.000 angeschlossenen Haushalten allein in Zürich). Während dieser Zeit konnte eine starke Ausweitung der Kabelnetze und eine Erhöhung der Attraktivität und der Programme erzielt werden. Seine Tätigkeit erstreckte sich auch auf die Entwicklung neuester Techniken zur Kapazitätserhöhung bereits bestehender Kabelnetze in Europa.

Auf seine Initiative ging 1983 die Gründung der Teleclub AG durch die „Rediffusion" zurück: Das erste europäische Abonnementfernsehen konnte damit erfolgreich gestartet werden.

Als Generaldirektor der Teleclub AG gründete er auch die Teleclub GmbH Bundesrepublik Deutschland. Damit war die Grundlage geschaffen, den Spielfilm- und Unterhaltungskanal auch über deutsche Kabelnetze zu verbreiten.

Pierre Meyrat hat sich in seiner beruflichen Laufbahn stets um die Liberalisierung der Bedingungen für die europäische Kommunikation bemüht. Er setzte sich für die Verwirklichung der marktwirtschaftlichen Prinzipien auch im Bereich der elektronischen Medien ein und versuchte hier, den privaten Sektor in seiner ihm zustehenden wichtigen Rolle zu bestärken.

Dr. phil. Günter Rohrbach

geb. 1928 in Neunkirchen (Saar)

1957 – 1961 Journalist in Bonn, Kulturberichte für „Bonner General-Anzeiger", Südwestfunk (Filmkritiken), Zeitschrift „filmkritk", „Frankfurter Hefte" und dpa

1961 Westdeutscher Rundfunk Köln, Redakteur in der Fernsehdirektion

1963 Leiter eines Planungsstabes für das Dritte Fernsehprogramm beim WDR
1965 Leiter der Hauptabteilung Fernsehspiel (als Nachfolger von Wilhelm Semmelroth) beim WDR

1972 Leiter des Programmbereichs Spiel und Unterhaltung beim WDR

1977 Leiter des erweiterten Programmbereichs Fernsehspiel, Unterhaltung, Familie beim WDR

Seit 1979 Geschäftsführer der BAVARIA Atelier Gesellschaft mbH, München – Geiselgasteig

Dr. Werner Schwaderlapp

1950 geb. in Ransbach (Westerwald)

1968 Studium der Philosophie, Theologie, Publizistik und Volkswirtschaftslehre in Frankfurt, Tübingen und Mainz

1977 Promotion zum Dr. phil. in Mainz, Dissertation „Arbeit und Eigentum bei Oswald von Nell-Breuning"

1977 Referent in der Bildungsabteilung der Arbeitskammer des Saarlandes

1978 Programmreferent des Programmdirektors des ZDF; daneben Lehraufträge am Institut für Publizistik der Universität Mainz

1982 Leiter des Bereichs Unternehmensplanung in der Intendanz des ZDF

1987 Leiter der Hauptabteilung Programmplanung des ZDF; daneben seit 1985 Leiter des Sekretariats der Europäischen Produktionsgemeinschaft (Antenne 2

Frankreich, Channel Four Großbritannien, ORF Österreich, RAI Italien, RTVE Spanien, SRG Schweiz, ZDF)

Mitgliedschaften: Koordinierungsausschuß ARD/ZDF, Medienkommission ARD/ZDF, Vorstand der Arbeitsgemeinschaft Fernsehforschung (ARD, ZDF, SAT 1, RTL plus), Verwaltungsrat der Filmförderungsanstalt (stellv.)

Peter Wildhaber

Nach einem Studium als Betriebsingenieur an der ETH in Zürich habe ich bei Unilever zwei Jahre im Marketing gearbeitet, bevor ich bei der SRG 1979 als Organisations- und Unternehmensberater eingestellt worden bin. 1985 wurde ich Leiter Personal und Ausbildung bei Radio DRS und habe 1989 den Aufbau einer neuen Abteilung „Programmdienste" übernommen. Diese Abteilung hat die folgenden Aufgaben: Entwicklung des Marketingansatzes, Betreuung der Archive und Dokumentationen, der Programminformation, der Werbung/PR und des Verkaufs (inklusive Merchandising).

Dr.-Ing. Henning Wilkens

Dr. Wilkens, 48, studierte Nachrichtentechnik an der TU Berlin und absolvierte gleichzeitig die Ausbildung zum Tonmeister an der Hochschule der Künste Berlin. 1974 promovierte er bei Prof. Dr. L. Cremer auf dem Gebiet der Raumakustik. Anschließend leitete er am Heinrich-Hertz-Institut, Berlin, verschiedene Forschungsprojekte aus den Gebieten Psychooptik, Telekonferenz und zuletzt rechnergestützte Informationssysteme für Laien. Er ist jetzt Direktor am Institut für Rundfunktechnik in München.

Die Mitglieder des Fribourger Arbeitskreises für die Ökonomie des Rundfunks (FAR)

Prof. Dr. Florian H. Fleck (†)

geb. 1924 in Göppingen (Württemberg)

Studium der Wirtschafts- und Sozialwissenschaften an der Universität Fribourg/Schweiz

Siebenjährige betriebswirtschaftliche Tätigkeit in einem Presse- und Buchverlag.

1958 Promotion zum Dr. rer. oec. und

1963 Habilitation im Fach „Theoretische Nationalökonomie" in Fribourg/Schweiz

1963 Professor für Theoretische Nationalökonomie und Wirtschaftsmathematik an der Universität Fribourg/Schweiz

1964 bis heute Direktor des Instituts für Wirtschafts- und Sozialwissenschaften an der Universität Fribourg/Schweiz

1974 Mitgründer der Schweizerischen Gesellschaft für Kommunikations- und Medienwissenschaft (SGKM). Redakteur des „Bulletins" dieser Gesellschaft

Forschungen und Publikationen über Theorien des technischen Fortschritts und Produktionstheorien, über Theorien der Verteilung des Volkseinkommens, Entwicklungstheorien und Weltverschuldung

1966 bis 1982 Mitgründer und 1. Direktor des Instituts für Journalistik und Kommunikationswissenschaft der Universität Fribourg/Schweiz

Herausgeber von über 30 Werken für dieses Fachgebiet. Verfasser von zahlreichen Monographien. Besondere Arbeitsschwerpunkte: Die Ökonomie der Medien, Kommunikations- und Medienpolitik, Internationaler Informationsfluß, Ethik für Journalisten und Programmschaffende, Lokalradios

Mitgliedschaften: Eidgenössische Expertenkommission für eine Medien-Gesamtkonzeption der Schweiz, International Institute of Communications (IIC) in London, International Association of Mass Communication Research (IAMCR) in Leicester, Royal Economic Society, London, Schweizerische Gesellschaft für Volkswirtschaft und Statistik, Bonn, International Communication Society (ICA), Austin (Texas), USA

1982 Mitgründer und Vorsitzender des „Fribourger Arbeitskreises für die Ökonomie des Rundfunks (FAR)"

Prof. Fleck verstarb am 4. Oktober 1990

Prof. Dr. Dr. h.c. Hans Bausch

geb. 1921 in Waldshut am Hochrhein

Studium der Geschichte, der Politischen und Sozialwissenschaften, Philosophie, Kunstgeschichte an der Universität Tübingen

1947 Herausgeber der größten deutschen Studentenzeitschrift „Studentische Blätter"

1948 Lokalredakteur, danach Leiter des Politikressorts der „Schwäbischen Post", Aalen/Württemberg

1950 Stellvertretender Leiter des Landesstudios Tübingen, 1952 Stuttgarter Korrespondent des Südwestfunks

1956 Promotion zum Dr. phil.

1956 bis 1958 CDU-Abgeordneter des Landtags von Baden-Württemberg

1958 bis 1989 Intendant des Süddeutschen Rundfunks, Stuttgart

1961, 1962, 1974, 1975 und 1988 Vorsitzender der ARD

1971 Ernennung zum Honorarprofessor der Universität Stuttgart-Hohenheim

1978 Ehrendoktorwürde der Universität Fribourg/Schweiz (Dr. rer. pol. h. c.)

In der ARD verantwortlich für die Geschichte des Rundfunks, Herausgeber des ARD-Jahrbuchs, Vorsitzender des ARD/ZDF-Koordinierungsausschusses, UER-Mitglied, Vorsitzender der ARD/ZDF-Medienkommission

Zahlreiche Veröffentlichungen

Konrad Bonkosch M.A.

geb. 1949 in Glattbach/Unterfranken

Studium der Publizistik, Politikwissenschaft, Buch-, Druck- und Verlagswesen, Volkswirtschaft und Soziologie an der Universität Mainz. Magister-Examen: „Die rundfunkpolitische Entwicklung der CDU von 1945 bis 1961".

1975 bis 1979 Direktionsassistent in einem rheinhessischen Unternehmen der Getränkeindustrie

1979 bis 1985 Persönlicher Referent des Intendanten des Süddeutschen Rundfunks, Stuttgart

Seit 1985 Fernseh-Sendeleitung des Süddeutschen Rundfunks: Stellv. Sendeleiter, Abteilungsleiter Fernseh-Programmwirtschaft

1972 – 1985 Redakteur einer katholischen Zeitschrift

Lehrbeauftragter an der Universität Hohenheim

Beirats- und Konventsmitglied der Evangelischen Akademie Bad Boll, Herausgeber- und Autorentätigkeit, Verfasser zahlreicher Zeitschriftenaufsätze, Rundfunkbeiträge

Heinz Bühringer

geb. 1927 in Waiblingen (Württemberg)

1946 bis 1951 Ausbildung im gehobenen Verwaltungsdienst in Baden-Württemberg

1951 bis 1953 Stadtinspektor in Waiblingen

1953 bis 1971 Bürgermeister in Bittenfeld (Landkreis Waiblingen)

1972 bis 1983 Direktor der Landesentwicklungs-Gesellschaft (LEG) Baden-Württemberg, Stuttgart

Autor und Mitgliedschaften: Mitglied des Kreistags des Rems-Murr-Kreises (seit 1959), Mitglied des Landtags von Baden-Württemberg (1964 bis 1980), Stellvertretender Vorsitzender der SPD-Landtagsfraktion (1966 bis 1968 und 1972 bis 1976), Vorsitzender der SPD-Landtagsfraktion (1968 bis 1972), Vorsitzender des Finanzausschusses des Landtags von Baden-Württemberg (1972 bis 1980), Mitglied des Landesvorstands der SPD Baden-Württemberg (seit 1965), Landesvorsitzender der SPD Baden-Württemberg (1968 bis 1973), Mitglied des Parteirats der SPD (1968 bis 1980)
Ämter im Rundfunk: Mitglied des Rundfunkrats des Süddeutschen Rundfunks, Stuttgart (seit 1969), Vorsitzender des Verwaltungsrats des Süddeutschen Rundfunks, Stuttgart (seit 1970) und des Aufsichtsrats der SDR Werbung GmbH, Stuttgart

Stellvertretender Vorsitzender des Aufsichtsrats der Bavaria Film GmbH

Verfasser einer Reihe von Veröffentlichungen

Hermann Fünfgeld

geb. 1931 in Mannheim

Studium der Rechts- und Staatswissenschaften an den Universitäten München und Freiburg/Breisgau mit Abschluß als Diplom-Volkswirt

Assistent am Lehrstuhl für Wirtschafts- und Sozialpolitik an der Universität des Saarlandes (Prof. Elisabeth Liefmann-Keil)

1961 bis 1973 im Saarländischen Rundfunk

1965 bis 1973 Verwaltungsdirektor und Stellvertretender Intendant des Saarländischen Rundfunks, Geschäftsführer der Telefilm Saar GmbH, Saarbrücken

1974 bis 1989 Verwaltungsdirektor und Geschäftsführer des Süddeutschen Rundfunks, Stuttgart, Geschäftsführer der SDR Werbung GmbH, Stuttgart

1984 Berufung zum Stellvertretenden Intendanten des Süddeutschen Rundfunks, Stuttgart

Seit 1990 Intendant des Süddeutschen Rundfunks, Stuttgart, und weiterhin Geschäftsführer der SDR Werbung GmbH, Stuttgart

Mitglied, auch Vorsitz in zahlreichen Gremien der ARD, Mitglied im Beirat verschiedener Banken und Organisationen, Mitglied im Kuratorium der AIESEC

Zahlreiche Veröffentlichungen

Dr. Martin Gläser

geb. 1947 in Plochingen/Neckar

Studium der Volkswirtschaftslehre und Statistik an der Universität Mannheim, 1973 Diplom-Volkswirt

Wissenschaftlicher Mitarbeiter am Lehrstuhl für Finanzwissenschaft der Universität Mannheim (Prof. Dr. Gerhard Zeitel) und am Lehrstuhl für Volkswirtschaftslehre/Finanzwissenschaft der Universität Mannheim (Prof. Dr. Eberhard Wille)

1981 Promotion zum Dr. rer. pol. an der Universität Mannheim

1980 bis 1986 Referent in der Verwaltungsdirektion des Süddeutschen Rundfunks, Stuttgart

Seit 1986 Leiter der Abteilung Programmwirtschaft Hörfunk des Süddeutschen Rundfunks, Stuttgart

1982 bis 1989 Lehrbeauftragter an der Fachhochschule für Druck, Stuttgart, Fachbereich Werbetechnik und Werbewirtschaft, im Fach „Herstellung und Kalkulation von Non-Print-Medien“

Lehrbeauftragter an der Universität Hohenheim

Verfasser und Mitverfasser zahlreicher Veröffentlichungen

Prof. Dr. Heinz J. Kiefer

geb. 1927 in Beuthen/OS.

Studium der Philosophie, Theologie und Geschichte, des Öffentlichen Rechts und der Wirtschaftswissenschaften in Eichstätt/Bayern, Regensburg, München und Innsbruck (Wirtschaftswissenschaftliche Dissertation über „Optimale Betriebsgröße“)

1953 bis 1972 Tätigkeit in Industrieunternehmen (insbesondere des Rheinstahl-Konzerns, Essen) bis zu Verantwortungen in Vorständen und Aufsichtsräten

Seit 1972 Mitgründer, Vorsitzender des Vorstands und des Wissenschaftlichen Beirats des Ruhrinstituts für gesellschaftspolitische Forschung und Bildung e.V., Essen, und dessen Gesprächskreise im In- und Ausland (bis Mai 1990)

Seit 1978 Professor für Informations-Unternehmen und Informations-Strukturen im gleichnamigen Department in der Informationswissenschaftlichen Fakultät der Universität von Navarra in Pamplona (Spanien)
Seit 1972 Beratungen für Parlamente, Kirchen, Industrie und Consulting für Informationsunternehmen in Presse und Rundfunk sowie Kooperationen im In- und Ausland in interdisziplinären Projekten (besonders in Europa, USA, Südafrika)

Zahlreiche Buchveröffentlichungen und Aufsätze zu Medien, Politik und Gesellschaft. – Herausgeber der „Mitteilungen“, Vierteljahresschrift für geistig-politische Früherkennung und interdisziplinäre Analysen. Gründer und Herausgeber der Buchreihe „Essener Beiträge für gesellschaftspolitische Forschung und soziale Kommunikation“. Veranstalter der jährlichen Essener Medienkolloquien 1973 – 1990. – Mitglied des International Institute of Communications (IIC) in London, Kuratoriumsmitglied des Deutschen Strategieforums, Bonn.

Seit Mai 1990 persönliches Büro für Strategische Studien, Essen, mit interdisziplinärem Wissenschaftlichem Beirat sowie in Arbeitsgemeinschaft mit Haus der Technik, Essen.

Dr. Hans-Joachim Lehmann

geb. 1932 in Berlin

Studium der Betriebswirtschaftslehre an der Universität des Saarlandes mit Abschluß als Diplom-Kaufmann

Promotion zum Dr. rer. oec. an der Universität Neuchâtel/Schweiz

Dreijährige Tätigkeit im Bereich Wirtschaftsprüfung und Steuerberatung; fünfjährige Tätigkeit in der Industrie (Saarbergkonzern Saarbrücken)

1966 bis 1974 Leiter der Revision, Organisation und Planung des Saarländischen Rundfunks

1975 bis 1985 Verwaltungsdirektor des Sender Freies Berlin, 1983 Berufung zum Stellvertreter des Intendanten beim Sender Freies Berlin

Seit 1985 Verwaltungsdirektor des Südwestfunks, Baden-Baden und Geschäftsführer der Werbung im SWF GmbH, Baden-Baden

Mitglied, auch Vorsitz in zahlreichen Gremien der ARD

Verfasser zahlreicher Veröffentlichungen

Oskar Maier

geb. 1927 in Aidenbach/Niederbayern

Studium der Betriebswirtschaftslehre an der Universität München mit Abschluß als Diplom-Kaufmann

Mehrjährige Tätigkeit bei einer Wirtschaftsprüfungsgesellschaft in München

1965 bis 1971 Hauptabteilungsleiter Finanzwesen beim Bayerischen Rundfunk, München

Seit 1972 Verwaltungsdirektor des Bayerischen Rundfunks, München

1984 zusätzlich Geschäftsführer der Bayerischen Rundfunkwerbung GmbH, München

Seit 1990 Stellvertretender Intendant des Bayerischen Rundfunks, München

Mitglied, auch Vorsitz in zahlreichen Gremien der ARD

Verfasser zahlreicher Veröffentlichungen

Dr. Jean-Bernard Münch

geb. 1943 in Genf

Studium der Politischen Wissenschaften an der Universität Genf

1969 bis 1972 Assistent des Fernsehdirektors der Schweizerischen Radio- und Fernsehgesellschaft (Französische Schweiz), Genf

1974 Promotion im Fach Politische Wissenschaften am Postgraduate Institute of International Studies Genf

1973 bis 1976 Mitarbeit und Leitung beim Reorganisationsprogramm der Schweizerischen Radio- und Fernsehgesellschaft (Projekt „Organisationsstruktur“)

1976 bis 1981 Leiter der Abteilung „Organisation und Datenverarbeitung“ der Schweizerischen Radio- und Fernsehgesellschaft, Bern, und betriebswirtschaftliche Weiterbildung an den Universitäten Oxford und St. Gallen

1981 bis 1989 Direktor der Finanzen und Betriebswirtschaft bei der Generaldirektion der Schweizerischen Radio- und Fernsehgesellschaft, Bern, Präsident einer Fernsehproduktionsgesellschaft, Delegierter der AG für das Werbefernsehen

Seit 1990 Generalsekretär der Europäischen Rundfunkunion (EBU/UER), Genf

Verfasser einer Reihe von Veröffentlichungen

Alain J. Reutter

geb. 1935 in Neuchâtel/Schweiz

Studium der Wirtschaftswissenschaften an der Handels-Hochschule St. Gallen und an der London School of Economics, Abschluß lic. oec. HSG; Weiterbildung in Paris und Genf

1957 bis 1965 Tätigkeit im internationalen Handel und in der Industrie in der Schweiz und in Deutschland

1965 bis 1973 Account Executive und Bereichsleiter in einer Werbeagentur

1973 bis 1975 Finanz- und Verwaltungsdirektor eines Kleinbetriebes der graphischen Branche

Seit 1975 Leiter Controlling bei der Generaldirektion der Schweizerischen Radio- und Fernsehgesellschaft, Bern.

Verfasser von Veröffentlichungen

Prof. Dr. Dr. Manfred Rühl

geb. 1933 in Nürnberg

Lehre als Industriekaufmann

Studium der Wirtschafts- und Sozialwissenschaften, der Publizistik- und Kommunikationswissenschaft und der Philosophie an den Universitäten Erlangen, FU Berlin und Nürnberg mit Abschluß als Diplom-Volkswirt

Rund 15jährige Tätigkeit als freier (auch redaktioneller) Mitarbeiter verschiedener Zeitungen, Zeitschriften und Rundfunkanstalten

1964 bis 1968 Wissenschaftlicher Assistent am Lehrstuhl für Politik- und Kommunikationswissenschaft der Universität Erlangen-Nürnberg (Prof. Franz Ronneberger)

1968 Promotion zum Dr. rer. pol. und 1978 Habilitation für das Fach „Kommunikationswissenschaft" an der Universität Erlangen-Nürnberg

Seit 1969 Projektleiter am Sozialwissenschaftlichen Forschungszentrum der Universität Erlangen-Nürnberg; Lehrstuhlvertreter bzw. Gastprofessor an den Universitäten Mainz, Pennsylvania, Regensburg und Zürich

1976 bis 1983 Professor für Kommunikationswissenschaft und Leiter des Aufbaustudiums Journalistik an der Universität Stuttgart-Hohenheim
Seit 1983 Ordinarius und Inhaber des Lehrstuhls für Kommunikationswissenschaft sowie Leiter der Forschungsstelle für Kommunikationspolitik an der Universität Bamberg

Mitglied von Kommissionen, Gremien und wissenschaftlichen Vereinigungen, u.a. Board of Directors der International Communication Association (1977 bis 1980) und 1. Vorsitzender der Deutschen Gesellschaft für Publizistik- und Kommunikationswissenschaft (1980 bis 1982)

Verfasser und Mitverfasser einer Vielzahl wissenschaftlicher Publikationen, vor allem aus den Arbeitsschwerpunkten Kommunikationstheorie, Politik und Wirtschaft der öffentlichen Kommunikation, Journalistik und Public Relations

Prof. Dr. Ulrich Saxer

geb. 1931 in Küsnacht (Zürich)

Studium der Rechtswissenschaft, Germanistik und Anglistik an der Universität Zürich mit Promotion zum Dr. phil. 1957

1965 bis 1970 Stipendiat des Schweizerischen Nationalfonds zur Förderung der Wissenschaftlichen Forschung; Vorbereitung der Habilitation; Gastdozentur in Uppsala; venia legendi „für das Gebiet der Publizistik" (1970)

1973 Ernennung zum Assistenzprofessor; 1978 zum a.o. Professor für Publizistik und Leiter des Seminars für Publizistikwissenschaft der Universität Zürich; Ausbau dieser Institution zu einem sozialwissenschaftlich ausgerichteten Forschungsinstitut; Gastprofessur in Mainz; Beförderung zum Ordinarius im Jahr 1983

Arbeitsschwerpunkte: Kommunikatorforschung, Kommunikationssoziologie, Kommunikationspolitik, Aussagenanalyse, Journalistenausbildung

Gründungspräsident der Schweizerischen Gesellschaft für Kommunikations- und Medienwissenschaft; Mitglied der Eidgenössischen Expertenkommission für eine Medien-Gesamtkonzeption; Leiter der Arbeitsgruppe für Begleitforschung der schweizerischen Lokalrundfunk-Versuche

Verfasser und Mitverfasser einer Vielzahl von Publikationen

Sachverzeichnis

N

O

P